子どもと暮らす。母さんの工夫65

暮らしは今日も実験です

本多さおり

大和書房

はじめに

暮らしは移り変わるものです。とくに子どもがいると変化は頻繁に訪れ、それに合わせて家の仕組みや習慣、時に思考も見直していかないと不便や不都合が出てきます。それらを解消しないままでおけば、さらにこんがらがっていくから、私はできれば「不」が顔を出し始めたらすぐに手を打っておきたいと思っています。

現状に満足いかないことが生じたら、とにかく何かを「変えてみる」ことで暮らしに風穴を開けたい。正解はわからなくても、まず手探りで何かを変えてみると「そうか！」と思わぬ気づきが生まれ、「ではもっとこうした方がいいのかも」と新たなアクションにつながります。それはまさに、仮説と検証から成り立つ「実験」そのもの。だから私にとって日々の暮らしは実験です。

暮らしのアイデアは、じっと考えていても浮かびにくいもの。とにかく動いてみることから、オリジナルの工夫が生まれます。そしてそんな瞬間は暮らしに喜びをもたらしてくれます。

この本は、3歳、1歳兄弟の母で暮らし実験マニアである私の「住・収・食・時・遊・モノ・助・心」について綴ったレポートですが、きっと3年後に自分自身で読み返してみると、「この時はこんな感じだったなぁ」と懐かしく振り返ることでしょう。

人生のベース〝暮らし〟

私は、暮らしが大好きです。

朝起きたら布団をたたんで、窓を開けて、朝ごはんを作って、おもちゃが散らかれば片付けて――暮らしは点と点がつながって浮かび上がる一本の線であり、人生のベースです。「丁寧に」とか「豊かに」なんていう気負いはとくにありません。ただ、その線ができるだけよどみなく、まっすぐであれたなら。いつもそんなイメージで暮らしを回しています。

私にとってそのために必要なのが、モノを行動の流れで取れる収納であり、忙しい日々の中でもラクに片付けられる部屋。自分のしたいことをモノや部屋がジャマするのではなく、サポートして促してくれる整った環境です。

とはいえ、常に片付いたきれいな部屋を保つなんて不可能に決まっています。料理を作ればキッチンが散らかるし、洗濯物を部屋干しすれば生活感で満載の部屋に。子どもがいれば瞬時におもちゃが散らばり、クッションは落とされ、ラグははがされ。

でも、そんな風景もまた愛おしいと感じます。散らかりは、人が暮らしているあかしだから。大切なのは、散らかってもすぐに整えることができる安心感。魔法じゃないんだから一瞬で片付くわけではありませんが、リズミカルに負担なくモノが片付いていく仕組みを作れたとき、暮らしはさらにスムーズで軽やかなものにできると実感しています。

母さんマネジメント

子どもが生まれて以降、2度の暗黒時代を経験しました。「お母さん」という仕事の重圧に押しつぶされ、心が沈み切ってしまったのです。

1度目は、1日中赤ちゃんとふたりきりで過ごす中、「正解の育児」を気にしすぎるあまり息苦しくなった長男ゼロ歳期。2度目は次男が生まれてから。2人を保育園に通わせ始めて仕事を増やした結果、家事も育児も、仕事も思うようにこなせずモヤモヤと悩みました。「2人目はラク」とはよく聞くけれど、自分にとって2人育児は本当に大変。へとへとに疲れて夫に当たる日々でした。

心が深く沈んだ時に、いつも思い出す言葉があります。

「沈んだ時にはとことん沈む。底は絶対にあるから、着地したら踏み込んで浮かび上がるようにもがけばいい」。

これは大学時代の先生からいただいた言葉で、お母さんになった今でも思い返しては希望の綱にしています。本当にこの言葉のとおり、着地しては蹴り上がり、もがいてもがいてなんとかやってきたお母さん生活。

わかったのは、子育ての悩みや苦労はひとりでは解決できないということです。誰かに頼る。弱音を吐く。これに勝る特効薬はなく、これらは弱さではなく大事な「母さん仕事のマネジメント」にほかなりません。家事をラクにアレンジしたり省略したりするのと同時に、自分の機嫌をよい状態に保つために動く！　それは育児と同じだけ大切な、母さんの保守管理だと思います。

本多家の間取り図 1LDK 50㎡
［夫と子ども2人の4人暮らし］

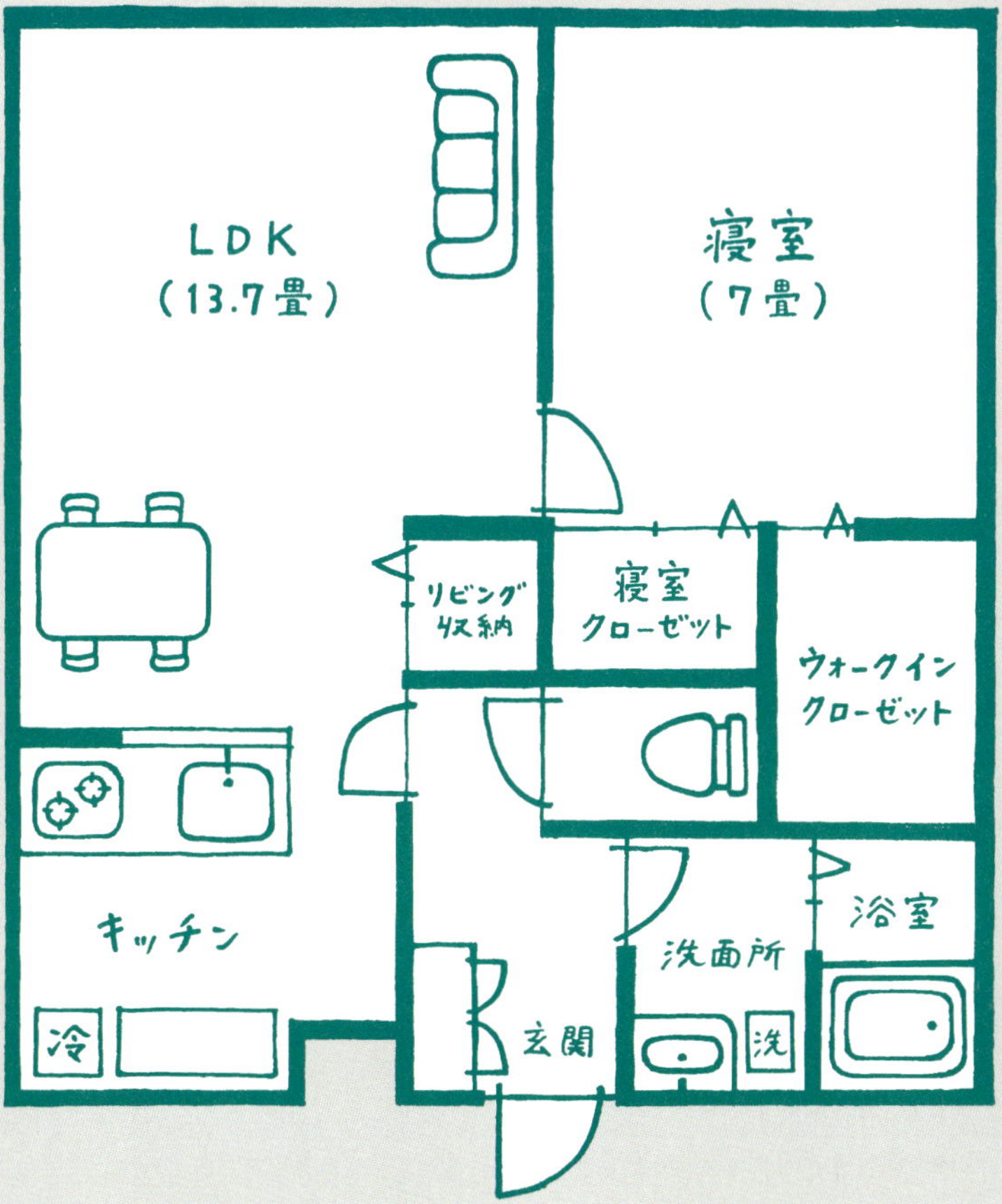

本書のアンケートにご協力いただいたみなさん ＊（　）内はお子さんの年齢です。（アンケートお答え時）

F・Kさん（長男3歳1ヵ月）、E・Kさん（長男3歳）、C・Tさん（長女2歳4ヵ月）、S・Nさん（長女7歳、次女2歳）、M・Tさん（長女3歳）、M・Kさん（長男2歳）、A・Kさん（長女2歳2ヵ月）、M・Sさん（長男2歳11ヵ月）、K・Yさん（長女3歳4ヵ月）

1 住

家は、ベース。
誰にとっても帰る場所であり、
また出かけていく力を充たす場です。
食べ物が体をつくるように、
家も健やかな心をつくる大切な要素だと感じます。
「身を置くことが気持ちのいい、安らぎだけのある空間」。
自分はもちろん家族にとっても、
そんな住環境を整えられたらと思うのです。

01 子どもにとって、世界で一番安心な場所

家を安心で住みよい場所にするために、少なくとも3つのことを叶えておきたいと考えています。ひとつめは、「整っている」こと。使いたいものをすぐに使えて、簡単に戻せる。必要なスペースを取って、やりたいことに集中して取り組める。子どもがその暮らしやすさの中で、環境を整える習慣を自然と身につけられたら何より喜ばしい！　次に、「清潔である」こと。わが家には肌の弱い子もいるのでとくに、最低限の掃除はしておきたい。

そして乳幼児がいるとなると、「安全である」が最重要課題。部屋の中を上下で区切り、危ない・触られたくないものは上半分の大人エリアに、子どものモノは下半分の子どもエリアに。お互いの「収納の特等席」を活かしながら、安全にも配慮のできる住み分けです。

安全対策あれこれ

ラグの四隅に滑り止めシートを敷いて、転倒防止。

安全、防音、防傷のためにジョイントマットを導入。

木箱の四隅にクッションを取り付け。

包丁を調理台の上へ。包丁スタンド購入。

天板がガラス製のサイドテーブルは撤去。

キッチンの入り口にはガードをつけて。

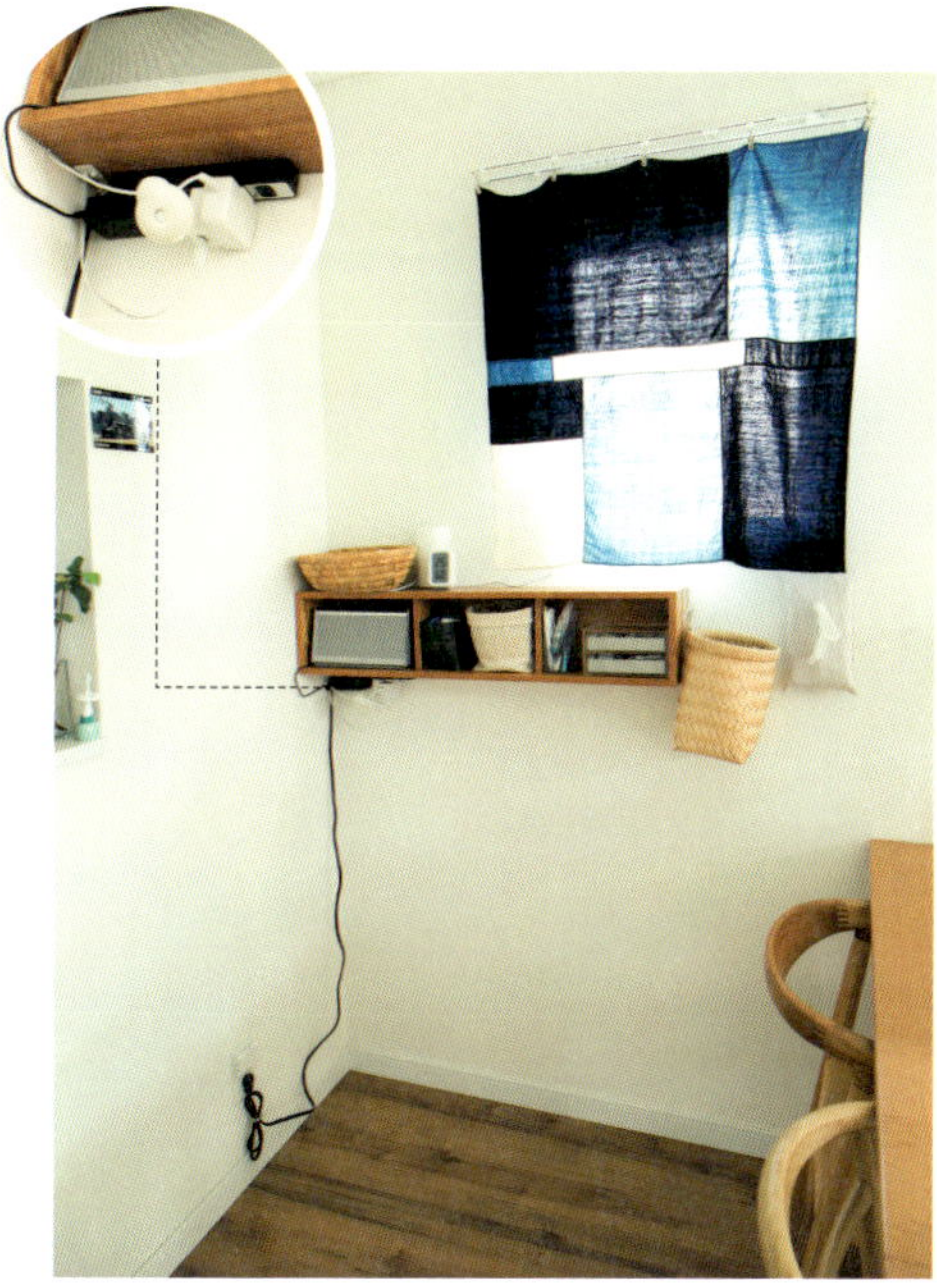

電源タップを棚の高いところに固定。

02 リビングに子どもスペースをつくるといい理由

子どもの小さいうちは、在宅時間の大半をリビングで一緒に過ごす方が多いと思います。スペースを子どもに明け渡すけれども、リビング全体を乗っ取られないためには、「ここが子どもの遊ぶ場所だよ」と明確に区切って示すことが効果的。そしてその場所を、とにかく居心地よくしてあげます。床にクッション性のあるマットを敷いて動きやすくし、おもちゃを適量並べて遊びやすくし、何より家具を置きすぎずになるべく広く動けるスペースを取ってあげる。大人にとっても、一緒にゴロゴロしていて気持ちのいい場となります。

もちろんそこからはみ出して遊びもしますが、モノを戻す場所・自分が戻る場所として機能するので、際限なく散らかることを防ぐことができます。

わが家の子どもスペースの変遷

長男10ヵ月（2016年）
安全と防音、防傷のためエアマット＋ジョイントマット。

長男1歳6ヵ月（2017年）
動きまわれるスペース拡張のため、テーブル撤去。

子どもスペースで
満足して遊んでくれると、
大人スペースに
平安が訪れます。

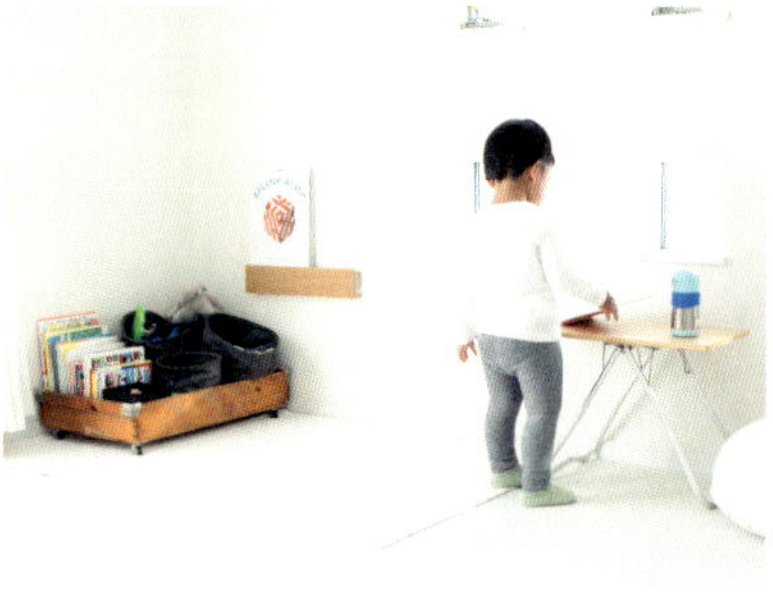

長男1歳11ヵ月（2017年）
キャンプ用ミニテーブルを出して。キャスター付木箱には長男のおもちゃと絵本。

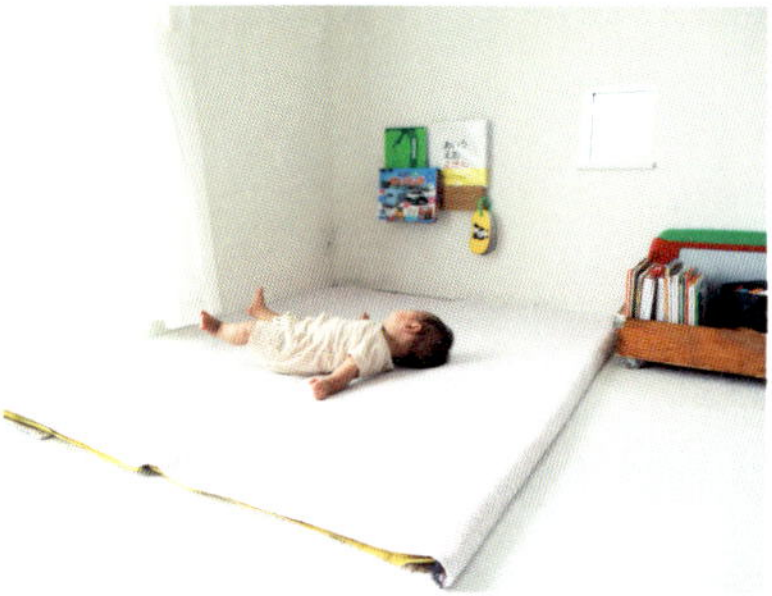

長男2歳5ヵ月、次男5ヵ月（2018年）
次男が生まれて、エアマット再び登場。

お昼寝、寝返り、ズリバイ、ハイハイ、おもちゃあそび、絵本読み。床でゴロゴロしやすいスペースは、小さい子のどんな行動にも適します。

03

家具は最低限あればいい

収納が満杯になると、「棚を買おうかな」なんて思いがち。けれど、今持っているモノがこの先何年も必要かどうかはわかりません。子どもがいれば尚更、使うモノはどんどん変わります。持ち物が変わるということは、収納も変わるということ。収納家具を買い足す前に「今ある収納でなんとかできないか」「今後の変化にも対応できる手段はないか」と検討するのが肝要。棚は確かに便利！　それでも、導入するギリギリのラインを見極めたい。

先日私が見極めたのは、ダイニングテーブルそばのラックです。パソコンをクローゼットから出すのが面倒で、仕事になかなか取り掛かれない。解消するには収納家具が必要でした。検証し、確信し、ギリギリの末どうしても——家具の検討はそれからです。

導入するなら
アレンジ可能な収納家具を
～リビングソファ横スペース変遷～

2017年12月

入居して1年半。収納家具のないリビングにチェストを新調しようか頭をよぎるも、「なくても今現在困っていないから」と見送った。おかげでこの年購入したクリスマスツリーを置く場所を確保できた。

2018年1月

友人からコンパクトなベビーベッドを譲り受け、次男誕生から生後7ヵ月まで使用。就寝時よりも日中の居場所として使いたかったためリビングに設置した。リビングでは他の場所に適当なところがなかったので、結果的にこのソファ横スペースが空いていて助かった。

2018年8月

生後7ヵ月でベビーベッドを撤去(2人目が生まれる友人に譲った)。子どもが2人になり、モノも増えたのでいよいよ収納家具導入を検討。このスペースのサイズを測り、それに合う家具をネットでいろいろと物色してみるも、いまいちベストなモノがピンと来ず。まず手持ちの収納家具(別の場所で使用していたもの)を置いて、しばらくテスト使用してみることに。結果、サイズ感や置きたいものやしまいたいものとのバランスなどが確認でき、より希望するもののイメージが明確になった。

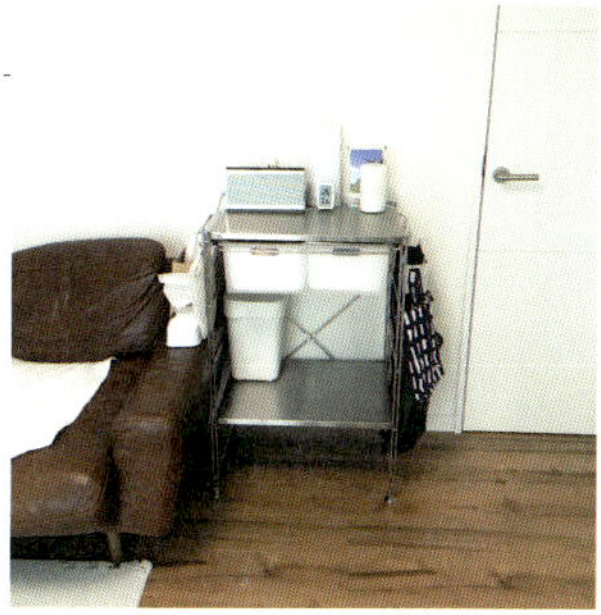

2019年1月

テスト使用していた無印良品の「ユニットシェルフ」は、棚や引き出しなどのパーツを好きにアレンジして使い方を変えていける良さがあった。けれども収納したいモノが小物ばかりで、これほどの奥行は必要ないと感じたため、アレンジ可能でも奥行が狭い「スタッキングシェルフ」に決定(同じく無印良品のもの)。次男のいたずらが始まったので、今後引き出しの位置などを模様替えする予定。

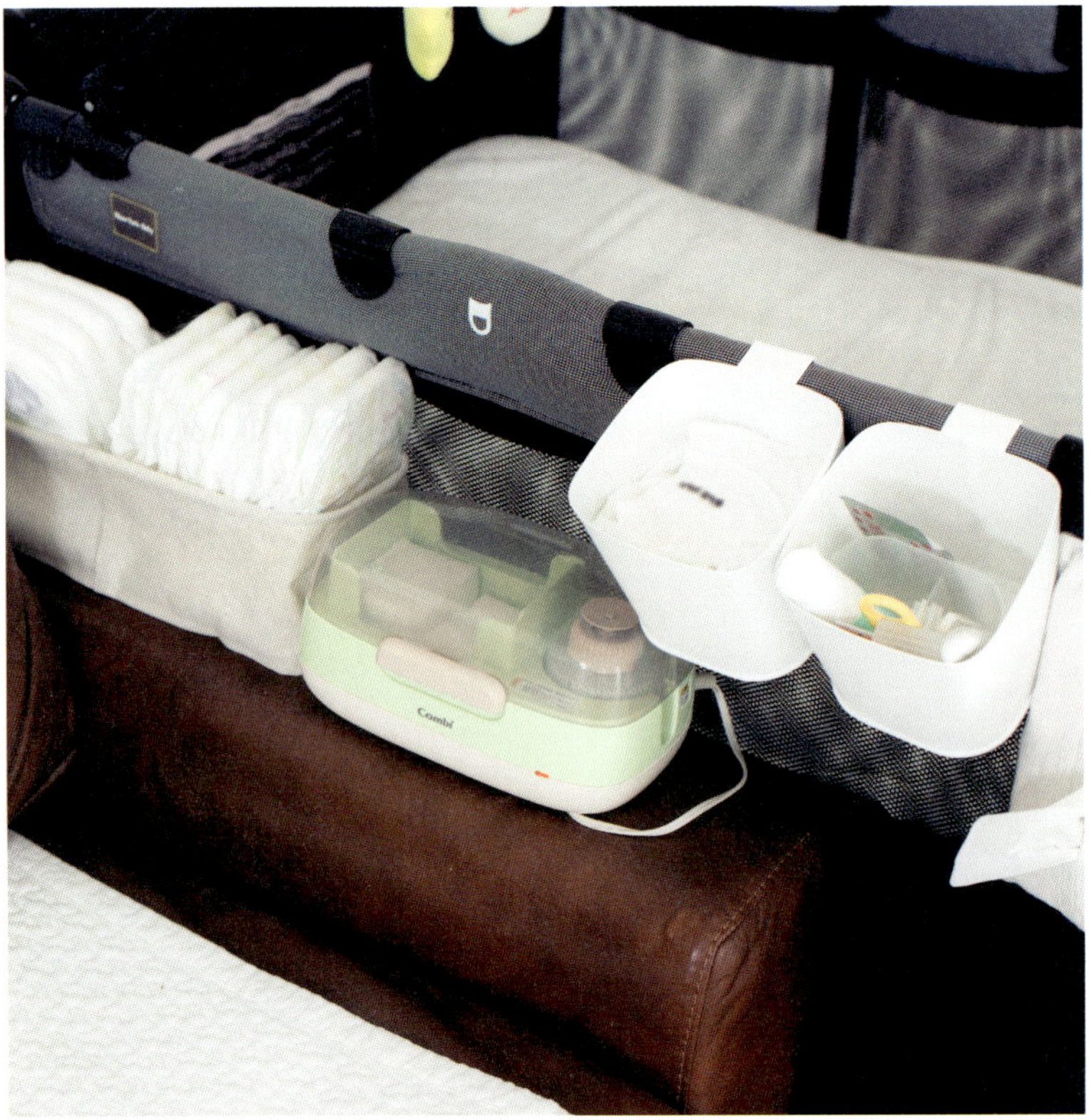

04

ソファ周りにお世話グッズを集結

おむつ替えや爪切り、入浴後の肌ケアなど、子どものお世話をする時に、必要なグッズをあちらこちらに取りに立つのは大変です。一番よいのは、おむつ替えをする場所におむつを置き、爪切りをする場所に爪切りを置くこと。ただ、それがまたあちらこちらに散って置いてあると、自分はよくても夫や手伝いに来た母は右往左往。「ガーゼはどこ?」「綿棒はどこだっけ」と聞く方も教える方も大変です。

そこで、お世話に必要なグッズをソファ周りにすべて集結させました。1カ所にまとめておけば、誰にとっても探す必要もなく、戻す時に頭を働かせることもありません。するべきケアを一度に行えるし、お世話が圧倒的にラクになりました。

はしご収納、便利です

ベビーベッドで家具を置くスペースがなかった頃に、はしご収納を取り入れました。ソファのひじ掛けに立て掛けるだけなので場所を取らないうえ、ちょうどよい高さで取りやすい。もとはプランター用（IKEA）ですが、必要に応じてカスタマイズできて便利。

長男1歳11ヵ月（2017年）

長男のおむつ、ケア用品などを収納。ソファ周りですぐ手にとれる。

長男2歳5ヵ月、次男5ヵ月（2018年）

ソファに腰掛けて見るため、長男のDVDをここに収納。おむつは次男のものと一緒にして別の場所に移動しました。

長男2歳9ヵ月、次男9ヵ月（2018年）

ひっかけるタイプのバスケットでスタイと靴下などを収納。ベビーベッド撤去後、ベッドの縁にかけていたお世話グッズをこちらに。

05

母さんの基地

書斎を持っているお母さんは数少ないでしょうが、誰しも連絡帳や書類を記す「書き物をする時の席」があると思います。私の場合は、恐らく多くの方と同じようにダイニングテーブルの一席。

そこはキッチンに行きやすい位置であり、ウォーターサーバーまでも数歩。顔を上げれば窓の景色が見えます。座ったままで必要な物が取れるよう、文房具などを壁に吊るして収納し、パソコンを置いておくラックも導入しました（P16）。その場ですべきことに集中して取り組める、「私のコックピット」です。

母さんだって、自分の場所は必要だし、そこを居心地よく便利にしておきたい。基地の工夫は、自分の暮らしと居場所をより快適で好ましい存在にしてくれます。

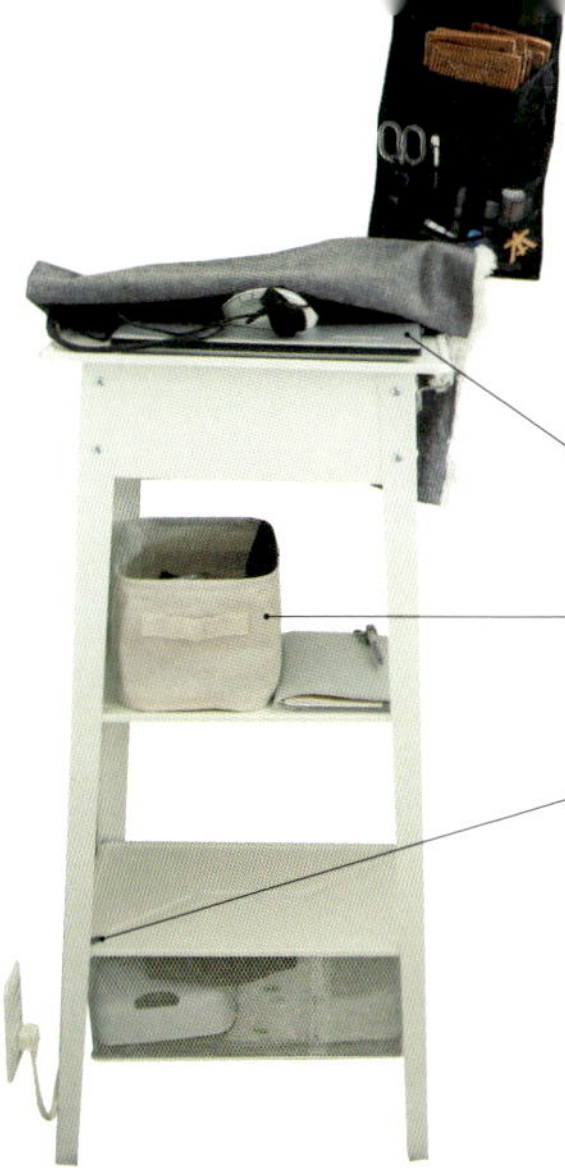

ダイニングテーブルそばのラック

①パソコンをここに置いて振り向けば手に取れるように。

②かばんの定位置のすぐそばなので、
かばんの中身はここに。

③電源コードを通す穴が空いていて便利。

以前はダイニングテーブルの横に「壁に付けられる家具」を付けて文房具を収納していましたが、長男が登ろうとし始めたので撤去。やはり、子どもがいると収納も変化の連続ですね。

↓

以前無印良品で購入した「吊るすタイプ」の旅行用ポーチを壁がけに。文房具、コースターなどを収納。

06 手ぬぐい１枚でカンタン季節の演出

男児が2人産まれ、母から「鯉《こい》のぼりいらない？　兜《かぶと》は？」と聞いてもらいました。ありがたいのですが、飾るスペースも収納場所もありません。残念ながら断ると、母は「濱文様《はまもんよう》」の鯉のぼり柄の手ぬぐいと、それをディスプレイできる棒を贈ってくれました。なんて粋なはからい！　この棒があれば、手ぬぐいを利用して一年中でも楽しめます。今持っている手ぬぐいのラインナップは、紅葉とクリスマス。この棒がなければ、こんな風に季節の演出をしようと思わなかったと思います。手ぬぐいなら収納に場所を取らず、将来手拭きにも使えます。手ぬぐい屋さんを通りかかると、寄って見てみるのがお楽しみ。これから桜やお正月のモチーフなど、あれこれ飾ってみたいと思っています。

07

子どもの写真を手軽に作品にする

姉の家には甥っ子たちの写真が飾られているのですが、ソファで寛ぎながら眺めようとすると小さすぎて見えませんでした。そこで、誕生日に写真パネルを作って贈ろうと思い立ち、あれこれと検索。現像写真を貼るだけで簡単にパネルにできる「シャコラ」という商品を見つけました。

壁に直《じか》に写真を貼るより、パネルになっていた方がグッと素敵度が上がります。貼り替えられるので写真を替えたり、時系列で並べて子どもの成長を噛みしめるのも一興。七五三のいい写真がアルバムで日の目を見ないのももったいないし、飾れば子どもが指をさして反応しコミュニケーションも生まれます。ママ友へのちょっとしたプレゼントにも喜んでもらえました。

「Shacolla」写真を貼って飾れるフォトパネル／富士フイルム

08

玄関に子ども椅子

知人宅にて、子どもの小さな椅子が玄関に置いてあるのを見ました。そこに座らせると、靴の脱《ぬ》ぎ履きをさせるのになんともラクだとのこと。集合住宅の多くは玄関のたたきにほぼ段差がないので、足首が寝てしまって履かせにくいんですよね。子どものいるご家庭にはヒントがいっぱいだなあとつくづく！

さっそくわが家にも同じ椅子を取り入れ、靴を履く時脱ぐ時は座ってもらうことに。長男にとって、外から帰ったらまず玄関で椅子に座るのが習慣となり、家に上がるのがとてもスムーズになりました。場を提供すると、行動を促すことができると実感です。

この椅子は、転がして3面高さの違う座面を使えるので、上がったら横の洗面台で手洗いうがいの踏み台にもなっています。

コロコロチェア／HOPPL

09

子どもの制作物は作品感を出して

紐にクリップで作品をとめて、モビールのように飾っています。兄弟分複数飾れるし、作品の入れ替えも簡単。

子どもって、絵や工作を飾りたがりますね。そして親の本音は、「もうごちゃついてるから、これ以上は……」だったりします。結果、なんとなくテープで貼っておく、棚の上に並べておく。するとやっつけ感が漂い、せっかくの作品も飾られがいのない様子に。

そこで、制作物はひとつひとつ敬《うやま》って飾る方がいいのではと思い立ちました。飾る数は限定し、額や大きなカード入れなどを用いて「きちんと」絵を飾る。工作は余裕を持たせたスペースを作り、まるで美術館の展示のように。これなら作品に焦点が合い、新旧の交代に子どもも納得してくれるのでは。いつでもスムーズに交代できるように、作品は早めにスマホで撮影しておきます。データが残ると思えば、処分のしやすさも変わります。

10

小さい子どもの家こそ布団のすすめ

寝相の悪い我が子たち。3組の布団を敷き詰めた部屋の中を、縦横無尽に寝ながら転がっています。もしベッドだったら、どうなっていたのだろうというくらい。

子どもが落ちる心配がないという以外にも布団を選んだ理由はいくつかあります。部屋を「寝る」以外の用途にも使うことができる。床をいつも清潔に保つことができる。誰かが風邪をひいたときなど、移動させてどこでも寝ることができる、などなど。

布団屋さんに「子どもにも大人用のサイズがいい」と勧められ、その通りにしたのは大正解でした。子どもはいずれ大きくなるし、敷きつめたときに隙間ができないのもよい。家具を断捨離してでも、布団を敷くスペースを確保する価値があると感じています。

体圧を分散するマットレスを愛用。押し入れはないので昼間はこうやって壁に立てかけて部屋を広く使います。

パシーマのパットシーツとキルトケットを愛用中。布団屋さんに勧められて。洗えば洗うほど肌に馴染み、気持ち良い。

人生の3〜4分の1を布団で過ごすこと、そこで体力を蓄え健康を養うことを考えると、でき得る限り「いい眠り」を叶える環境を整えたいという思いが強いです。

スマホの充電コードが床にあると煩わしいので、小さなカゴに入れて浮かせて収納。

みんなのアンケート

Q 現在の間取りとその使い方、また今後住みたい間取りは？

現在は2LDKの1部屋をつなげて1LDKとして使っています。寝室と居間という感じです。今後住みたい間取りは収納場所の多い3LDKです。(M・Sさん)

2DKで、DK部分はそのまま食事をとる場所、1室を寝室、1室をフリーにしています。手狭なのでそろそろ2LDKの部屋に移りたいです。(K・Yさん)

2LDK。リビングは食事スペース、一角に遊びスペース、ソファとテレビのくつろぎスペースを作っています。寝室に布団2枚と子ども布団を敷いて3人で寝ています。毎日布団の上げ下げする余裕がないので、薄いすのこベッドを。もう1部屋は私の仕事部屋です。(A・Kさん)

3LDK。寝室、子どもの部屋、物置と化してる部屋。今後は玄関脇にウォークインクローゼットのような納戸が欲しい。テントやベビーカーやストライダー、自転車のレインカバーなどかさばるものを置きたい。(E・Kさん)

3LDK。3部屋は寝室、夫の部屋、息子の部屋として使っています。子どもを想定せず住み始めた家なので、いつかはもう少し広い空間へ住み替えたいです。(F・Kさん)

2DK。DKはごはんを食べたり、おもちゃを持った娘が通過したり、料理中に遊んだり。一部屋は寝室、もう一部屋はリビング兼子どもの遊び場。広めの1LDK＋大型wicみたいな家に住みたいです。(C・Tさん)

現在：2LDK（①寝室／②書斎、物置／リビング／食卓／キッチン）。今後：希望は4LDKで天井の高い家に住みたい。子どもが大きくなるにつれて部屋が狭く感じるから。(M・Tさん)

3LDK。姉妹なので1部屋は子ども部屋にして机と2段ベッドをおいています。2段ベッドは姉妹とも気に入ったようで、2歳妹も姉と2人で寝ています。(S・Nさん)

現在の間取り：1LDK。DKの半分は食事をする場所、半分は子供の遊び場所です。寝室には3人で寝ています。住みたい間取り：2〜3LDK。寝室、子どもの遊びスペースをもっと広々させたい。もう少し収納スペースがある所が良いです。(M・Kさん)

1LDK。日中は13畳のLDKで過ごし、寝室にしている1部屋には何も置かず、シングル布団を3枚並べて4人で寝ています。寝室にはクローゼットとウォークインクローゼットがついていて、この2つの収納スペースのおかげで、大小様々なモノの収納がやりくりできている。将来的には70㎡くらいの中古マンションを購入し、LDKを広く、家事動線にこだわった間取りにリノベーションしたい願望あり。(本多)

Q 悪天候の日、何して過ごす？

図書館に行って児童書のコーナーで一緒に絵本を読む、ショッピングモールに行ってブラブラ、トミカやプラレールで一緒に遊ぶ、ホットケーキなどの簡単なおやつを一緒に作って食べるなど、外出できる時はとにかく身体を動かせるように、家では飽きないような工夫を。(M・Kさん)

家に一日中いるのは、親も辛いため、大きめのスーパーに行ったり、コンビニなど近場にちょっと出かけるようにしている。(C・Tさん)

絵の具や粘土遊び、パズルなどで楽しんでいます。大人が昔遊んでいたWii Sportsはボウリング、ゴルフ、ボクシングなど必死に取り組んでいました。(F・Kさん)

ジブリのDVDや、ストックしてあるまだ見ていない絵本やシール、一緒にホットケーキ作りなど。(E・Kさん)

お菓子作り(発酵時間がないレシピを選ぶ)。クッキーはこねる作業と型抜きの作業があるのでより楽しいよう。(M・Tさん)

一緒に作れる料理をしています。モヤシの処理、ワンタン作り、玉ねぎ皮むき、クッキー型抜き等の手でできる作業です。まだうまくできないし、長時間もたないし最後にはグジャグジャになるのですが、エプロンと三角巾をするのも嬉しいようで、楽しそうにやっています。(A・Kさん)

前もって雨とわかっている場合は、「おえかきグミランド」(いろんな色のグミがつくれる知育菓子)や、簡単に一緒につくれるおやつ(寒天、ホットケーキなど)の材料を準備します。小雨になった瞬間を見計らい、近所の子育てスポットや走り回れるようなショッピングビルなどに行きます。(K・Yさん)

なるべく身体を動かせるように、家事を一緒にすることが多いです。窓拭き、床拭きなど。たまに玄関に水をまいてブラシでこすってもらったりしています。(M・Sさん)

ベランダでシャボン玉、ストライダー、なわとび。お絵かき、粘土、ブロックなど。(S・Nさん)

布団の山をつくって体を動かす遊び。DVDを借りてきてみる、Amazonプライム・ビデオでウルトラマンなどをみる。(本多)

子育て期、我が家の家選び

実家（一軒家）に25年、結婚後に築40年超の団地（2K）に6年、そして現在の築4年のアパート（1LDK）に住んで3年目の現在。34歳の私の引越し経験は2回です。

しかも団地は社宅で、選択肢がなかったため、「家を選んで住む」というのは実際のところ今のアパートが初めてでした。実家も団地も、窓から緑が見える環境で陽当たりもよかったので、その二つが日々の暮らしにもたらしてくれる恩恵をしみじみ感じて暮らしてきました。ふと目を向けた窓の向こう側に緑があると精神的にホッとさせてくれるし、部屋に差し込むお日様の光は、部屋の古さや狭さもカバーするほどの幸福感を感じさせてくれました。さらに陽当たりの良さは洗濯物や布団をカラッと乾かしてくれて、押入れなどがジメっとしないという家事上のメリットにも通じます。

だから今のアパートは、「緑」と「陽当たり」にとことんフォーカスして探し、出会った物件です。家探しのファーストステップとしては、まず不動産サイトでエリア・広さ・予算・駐車場付きなどの条件であたりをつけ、そこに挙がった物件一つ一つの写真をチェックして窓から緑が見えそうかどうかを確かめていました。今の物件は夫が「これ、緑見えるよ」と見つけてくれてすぐに見学に行き、ちょうど新緑の美しい時期だったので、窓からの瑞々しい景色が印象的で即決しました。

実はこれほど築浅の物件を希望していたわけでないので、予算的には想定よりも少し背伸びをして契約しました。けれども朝陽がたっぷり差し込むリビングで子どもたちの支度や家事にバタバタする朝、数時間で洗濯物が乾いてしまう夏の日、紅葉で色づいていく木々や空模様が刻々と移り変わっていく冬の日、「あぁこの家で暮らせて嬉しい」と感じる瞬間がたくさんあります。日々の忙しさでささくれがちな私の心は、この家にいつも癒してもらっているので、本当に出会えてよかったと心から思います。

けれども最近「この先どうしよう？」という悩みも。どんどん体格が立派になる長男と歩き始めた次男の足音、誤って床に落としたおもちゃや絵本の音が階下のご家庭に申し訳ないという問題。また次のステージを考えなければならない時も近そうです。

2 収

使いたいものを、より使いやすくするために。
大人のモノ、子どものモノ、赤ちゃんのモノ
——モノの量も種類も大きく増え、
やることもその緊急度も大きく上がる育児期は、
人生のどの時期より
収納の工夫が実生活を助けてくれると思います。

11 子どもが自分で片付けられる仕組みづくり

子どもにとって旬の「1軍」おもちゃを、木箱に収まる量だけ入れています。中は布ボックスで仕切り、「ミニカー」「動物」「次男用ベビー玩具」などゆるい区分で収納。木箱なら、どのおもちゃも上から見渡すことができ、放り込むだけなので1歳の子どもでも戻せるようです。フタがある、引き出しを開けるなど、動作がひとつでも増えれば子どもにとって大きなハードルとなり、出し戻しが難しくなってしまいます。

一度、試しにおもちゃを棚に入れてみましたが、おもちゃが見えにくくなるせいか、遊ぶ頻度が明らかに減ってしまいました。まだ小さな子にとっては、「あれが必要」と探しに行くよりも、「目に入ったから遊ぼう」くらいのおもちゃ収納が向いているようです。

おもちゃ収納の変遷

布バスケットポイポイ時代（1歳）

以前から使っている布バスケット（F/style）2つにおもちゃを収納。大きな方にはぬいぐるみなどの大きなものを、小さな方にはミニカーなどの小さなものを。

放り込むだけなので、1歳児にもできる！

木箱1箱に入るだけ時代（2歳半まで）

今が旬でよく遊ぶおもちゃと絵本を木箱に収まる量にコントロール。座ったまま引き寄せやすく、掃除の時どかしやすいのでキャスターをつけました。掃除もしやすい。角にはクッションを。こんなにシンプルな箱の中でも、手前のものは自然と遊ぶ頻度が高くなります。少しでもハードルのある収納は子どもに向かないとしみじみ。

オープン収納棚時代（一時お試し）

無印良品のオープン棚を設置して、おもちゃや絵本を収納してみました。おもちゃの上部にゆとりを持たせましたが、木箱の時のほうが明らかに遊ぶし、片付けやすそう。1ヵ月後木箱式に戻しました。

よく遊ぶ電車や車、怪獣のフィギュアは子どもでも移動可能な持ち手付きバッグに。

12 絵本を読みたくなる収納

幼稚園の先生だった姉から、定番の名作絵本の数々をお下がりでもらっていた関係で、長男は生まれた時点で結構な絵本持ちでした。まだ首の座る前、目が見えてきたなという頃から、かがくいひろしさんの『だるまさんが』などを読み聞かせ。驚くことに、そんな小さな赤ちゃんでも食いついてくるのです。ついにはフレーズを覚えたのか、「だーるーまーさんがっ」と言うだけで機嫌がよくなるように。絵本の持つ力を目の当たりにし、子どものそばに置きたいものという実感を持ちました。

絵本はぴったりと並べて置く特性上、出し戻しが難しいので、ほかのおもちゃより工夫を凝らしました。どの家でも悩みの種になりがちな絵本収納。整理収納サービスでほかのお宅で行ってきたことをわが家にも導入です。

取り出しやすい＝戻しやすい

かごの下にアクリル仕切りを入れ、本を斜めに取りやすく。中心にも仕切りを入れ、本が両端に割れ真ん中に放り込み、戻しやすいように。ぎゅうぎゅうだと小さい子に出し戻しができないので6割収納。

横から見るとこんな感じ。

ブックスタンド＋アクリル仕切りで、絵本が倒れず、また奥まで行きすぎないように。奥行きのある収納の場合、前面をそろえると乱れないし、取り出しやすい。

こんな方法も試してみました。好きなところに置ける自由さがあります。

13

増殖するおもちゃとどう付き合う？

おもちゃに対する長男の態度を観察してきて、わかったことがありました。それは、関心を持つモノはどんどん変わるので、ハマっているからといって増やしすぎない方がいいということ。また、その時ハマっているモノばかりを使うので、さほどバリエーションはいらないということ。あまりにたくさんの種類が目の前にあると、1つ1つが目立たなくなり、ガラクタ感さえ出てしまいます。

そこで、今が旬の1軍おもちゃだけをリビングに出し、そのほかはクローゼットで「スタンバイ」させることにしました。旬が変わったら交代させたり、たまに出して新鮮味を上げたり。「選ばれた」モノが「適量」ある状態は、モノを大事に使ってきちんと管理できる基礎力をつけてくれる気がします。

物量コントロールと2軍おもちゃの収納

想像の世界で遊んでいるので、おもちゃに機能はあまりいらないな、とも感じています。多機能はかえって遊び方を狭め、飽きるのも早い気が。リサイクルやお下がりに出すものは紙袋に入れて。

スタンバイおもちゃコーナーを作って循環させる

@リビング

リビング収納下段。お出かけの時などここからおもちゃを持っていくと、鮮度が上がっていて喜ぶので間が持ちます。最初は引き出しに入れていましたが、その後布ボックスに(→p.42)。

@ウォークインクローゼット

成長とともに遊ばなくなったおもちゃや絵本は寝室にあるウォークインクローゼットにスタンバイ。次男に向くタイミング待ちです。

赤ちゃん用おもちゃもウォークインクローゼットの中の引き出し1つにまとめてスタンバイ。小さいおもちゃはファスナー付きビニールにまとめて。

14

家族4人分の衣類を1ヵ所にまとめてみた

以前は、子どもの服をリビングに収納していました。子どもはリビングで着替えるので便利でしたが、大人の服とは違う部屋。今回、試しに寝室のクローゼットひとつに4人分の服をまとめてみました。すると、衣類をしまうのが劇的にラクに！　あちらこちらへ家族ごとにしまいに行かなくてもよいし、服を着る時も1ヵ所で子どもたちの分まで選ぶことができるようになりました。

クローゼットの中では、子どもたちのトップスをハンガーで吊るし収納にしました。洗濯して干したハンガーのままなので、取り込んで入れるだけ。私以外家族3人のインナーや靴下はボックスにオープン収納なので、しまう時にはポスティング感覚でどんどん放り込み。〝ラク〟の追求は続きます。

夫エリア←上段→私エリア

上段は大人コーナー。真ん中から左右対称に分けて。取りやすさ重視でトップスを内側にボトムスを外側にしています。

ハンガー収納の良いところは一覧性があるところ。見渡せるので朝何を着るか決めやすいです。

次男エリア←下段→長男エリア

次男も上下セパレートの服になったので、たたまなくていいハンガー収納に変えました。引き出しの上に置いた布ボックスには兄弟ごとに靴下や下着など小物を入れています。

1ヵ所にまとめるには服の量のコントロールも大切です。今、自分の服は全部で60着ほど。長男オンシーズンはTシャツ14、ズボン7、肌着6。保育園に行き出して数が増えました。

@リビング
(以前の収納場所)

以前はリビング造り付けの収納に引き出しを入れて子ども服を収納していました。無印良品の仕切りでズボンと上着、靴下を区分けして。1引き出しで十分な量でした。

15

サイズアウトした子ども服はどうする？

靴は1足ずつジップ袋に入れ、「14センチ 1歳夏」など明記して。袋に密閉していれば、服と一緒のボックスに保管しても抵抗がありません。

サイズアウトした服を弟妹が着るまでどう取っておくか、頭の悩ませどころです。モノは、保管するからには使えるようにしておかなくては意味がありません。どんなサイズの何がどれだけあるのか、「わかりやすく」「すぐ取り出せるように」しておかないと、うっかり弟妹も着る機会を逃したり、もうあるのに買い足しすぎるなどの失敗を招いてしまいます。私は、「サイズごと」「季節ごと」でメッシュケースにまとめ、「80長」など厚紙（写真紙）に書いて前面に入れ、パッと見て中身がわかるようにしています。それらをＩＫＥＡの持ち手付きボックスに入れて、クローゼットの上段に。着る季節が近づいてきたらメッシュケースの中身を「スタンバイ引き出し」（次ページ参照！）へと移動させます。

16 スタンバイ引き出しのすすめ

次シーズン服の買いすぎを防ぎ、何が不足していて買う必要があるのかも把握できます。友人に渡したいお下がりも、ここで待機。

子どもの服収納に、「スタンバイ引き出し」をひとつ用意しておくと大変便利です。ここに、子どもの「次の季節に着る服」をスタンバイさせておくと、急に暑くなったり寒くなったりした時にサッと出せて重宝。

また、ここに服を移動させている段階で、何をどれだけ既に持っているのか把握できるので、新しい季節だからと慌てて買い足しすぎてしまうことを防ぎます。トップスはとくに、「ちょっと足りないかな」と思うと数枚まとめて買ってしまいがち。ただ、勢いで必要量以上に購入しても、スタンバイ服を増やすだけです。私も何度かその失敗をし、買い足しは1枚ずつと心に刻みました。その1枚がよいとわかれば、同じラインでまた買い足せば失敗がありません。

17

つっぱり棒で収納をつくってみた①

リビングにあるクローゼットは奥行きがあります。奥まで有効活用するため、つっぱり棒を利用して、スタンバイおもちゃコーナーを作りました。一番奥には高めに1本張って、S字フックでエコバッグを吊り下げ、めったに使われないレールなどを収納。その手前に前後2本の棒を張って、布ボックスを設置します。手前の棒は箱のふちを、奥の棒には箱の底をのせることにより、ボックスは斜めで何が入っているのかが一目でわかり、取り戻ししやすい角度に。

空中を利用し尽くして、床には何も接地していないこともポイントです。子どもが入り込む場所なので、ラクに頻回掃除できることを大切にしています。

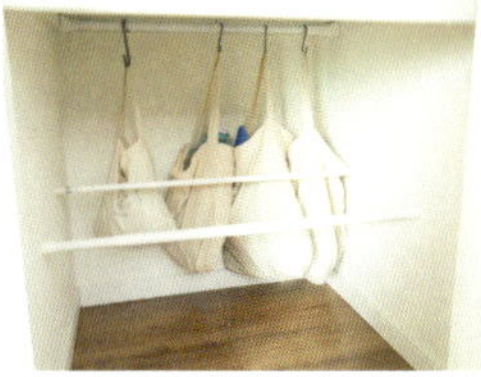

3本のつっぱり棒を駆使して!

18 つっぱり棒で収納をつくってみた②

寝室の衣類用クローゼットは、高い位置に1本ポールが渡っているだけ。子どもの分もここに吊るしたいとなった時に、真っ先に「下の方につっぱり棒でポールを設《あつら》えよう」と考えました。大人用のポールより少し前に設置することで、衣類の干渉を防いでいます。低い場所でも丈の短い子ども服ならちょうどよく、ゆくゆくは子どもが自分で取り戻しすることもできます。この収納では、左右の壁にも上下2本のつっぱり棒を渡して帽子やカバンをかけています。つっぱり棒さえあれば、フックやハンガー、ハンギングラックなど自在に利用できる。設置してみて「あれ？」と思えば、すぐに位置を微調整できてしまう！棒を起点にあれこれ実験できるつっぱり棒の魅力が、私の心を捉えてやみません。

19

大人時間を楽しみたい。本を手に取る収納

本や雑誌をめくる時間は、暮らしを豊かにしてくれます。慌ただしくてクサクサしがちな育児期こそ、読書の時間を持ちたい！

そこで、ソファに座って一息つくと目に飛び込んでくる場所に、本を配置しました。手を伸ばせば、すぐに取れる位置です。私の場合はそこまでの本好きでもないので、「視界に入ってくる」というきっかけがないとなかなか手に取りません。でも、本は読むために買ってきたのです。収納は、使うために。ソファの右側肘置きには、無印良品の「壁に付けられる家具・箱」を置いて、今読みたい本を収納しています。読み終わったら手放す、もしくは再読のためリビングのクローゼットに背表紙が見える状態で収納しています。

20

1LDKに吊るしティッシュ4ヵ所

子どもの世話に家事、身づくろい……1日に何度もお世話になるティッシュ。だいたいが、ほしい時は緊急度が高かったりします。飛んで歩かなくてもいいように、1LDKの小さな我が家でもティッシュは4ヵ所に点在。

一番使われるのがダイニングテーブルの脇。横に竹カゴ（ゴミ箱に）を吊るして、使ったその場で捨てられるようにしています。食べこぼされてもすぐ対応。爪切りもこの場で、「道具を取る↓ティッシュを敷く↓爪を切る↓捨てる」までできて大変便利です。あとは「ソファ横」で子どものお世話、「キッチン」や「洗面所」では掃除に使用。ピンポイントでほしいところに設置できる、吊るし収納をしています。また、吊るせばティッシュが迷子にならず、掃除のじゃまにもなりません。

Q 子ども服でよく買っているブランドは？

Patagoniaが好きです。アウトドアメーカーの衣類は機能性が高く丈夫なので、ガンガン洗濯もできて重宝しています。息子をオシャレさせているという自己満足に浸り、サイズアウトしたらお友達に譲るorメルカリで次の方へ…多少お値段は張りますがコストパフォーマンスは抜群です。下着はユニクロ一択。夏も冬も機能的で重宝しています。(F・Kさん)

普段着はユニクロ、GAP。ちょっといいものだと、プチバトー。(E・Kさん)

ユニクロやGAP、無印良品が多いですが、古着屋でもよく購入します。(M・Kさん)

無印良品、ユニクロ、GAP、グラニフ(絵本とコラボレーションの服がお気に入りのよう)。(M・Tさん)

無印良品、H&M、ユニクロ。洋服好きなので、インポート物に目がハートに。セール時期に次年のものを買い、ストックしたり。無難に済ませたいと思いながら、セールの時期は血が騒ぐ。この場合は主にネットで購入。bontonのharem pantsはサイズアウトまでが長く、外遊びにも向いており、シルエットもかわいく気に入っています。(C・Tさん)

petit main、mezzo Piano、anyFAM、Apres les cours、Branshes、Love&Peace&Money、ユニクロなど。(S・Nさん)

ユニクロ、無印良品、コンビミニ。(A・Kさん)

よく買うのは、H & M、ユニクロ、Rgiht-on 、GLOBAL WORK、西松屋、ベルメゾンなど。サマンサモスモスもかわいいものが多く、店に寄るとつい買ってしまいます。また、韓国の子ども服のmonmimiもナチュラルな風合いのものが欲しいときにサイトを見ます。(K・Yさん)

MARKEY'S、hakka kidsは柄がおもしろい綿100%の服が多いので重宝しています。(M・Sさん)

服から肌着、パジャマまで約6割が無印良品。あとはH&M、ユニクロ、GAP、モンベル、が定番です。レ・キャトルサンクというセレクトショップが好きで、たまに覗きます。(本多)

Q 子ども靴でおすすめは？ その理由も教えてください

ファーストシューズからずっとアシックスを履いています。かかとをしっかりホールドするのと、ハイカットで足首がまだ柔らかいのを守ってくれると聞いたので。渋めの色味のシリーズもあり（黒やカーキなど）服にも合わせやすいです。（M・Sさん）

キャラ物のムーンスター（キャラクターに喜んで、楽しんで履いてくれる。靴の機能としても優秀。保育園靴として）、ムーンスターのひも付き長靴（脱げない、やわらかい）、アシックス（子ども靴専門店で娘の足を見てもらい選んでくれたのですが、幅が狭い娘の足によく合い、履きやすそう）（A・Kさん）

ニューバランスを愛用しています。他にも履かせてみましたが、ソールが硬くあまり気に入ってもらえませんでした。幼児期は動きやすさが重要と靴屋さんで勧められ、ニューバランスを繰り返し購入しています。（F・Kさん）

ニューバランス→知人から、"履き口が大きく開くから親も履かせやすいし、子ども自身も履きやすいよ"と聞いていたので最初からニューバランスオンリーです。大きく開くので洗いやすいのもポイントです！（M・Kさん）

ニューバランス：マジックテープで足の入り口が大きいので、自分で脱ぎ履ぎしやすい。形は同じで色が豊富なので、買い足すときもいろんな色を楽しめます。（M・Tさん）

たいした比較をしていませんが、ニューバランス。日々ストレスなく履けてるから良いのかな、と。脱ぎ履きがしやすいところが気に入っています。（C・Tさん）

甲が高いのでニューバランスが多いです。小さなときはミキハウス。どちらもぱかっとベロが開くので自分でも履きやすそうです。（E・Kさん）

ミキハウスの靴（履き口が大きく開くのと、パットが片面固定されており、マジックテープがとめやすいので、子どもが自分で履きやすい）。IFMEのサンダル（スニーカータイプで安全に涼しく履ける）。NIKEのダイナモ（履きやすく動きやすいそうで、これを買うと、これしか履かない）。（S・Nさん）

ニューバランス→履き口をぐいっと大きく広げられるので、子どもが自分で履くときにも履きやすい。IFME→夏はメッシュタイプを愛用しています。通気性がよく軽いので、暑い時期にはぴったりです。（K・Yさん）

ニューバランスの一択。とにかく履かせやすく、ファーストシューズから大きくなるまでサイズもあるのでずっと履き続けられる。（本多）

プロに聞きたい！

子ども椅子に必要なものとは？

家具デザイナーの朝倉芳満さん（アサクラデザイン・左）と、商品開発ディレクターの柴原孝さん（アイドカ・右）。インスタグラムで子ども椅子をリサーチしている時に、トリップトラップが多い中、違うデザインで目を引いたのがアップライトでした。実際に店舗で座ってみると、座り心地のよさにびっくり！この椅子を生み出したおふたりに製作秘話をお聞きしました。

子どもたちの姿勢を守る椅子

本多　座ると背中が気持ちよく伸びるので驚きました。

朝倉　ディレクターの柴原さんが子ども椅子を作ろうと考えた時に、子どもたちに何が必要とされているかを調べたんですね。資料によると、学校の先生が子どものことで一番気にしているのが、小中高を通してずっと〝背中がぐにゃっとしている〟ことでした。この問題を解決しようと作ったのがアップライトなんです。

本多　もとが、姿勢をただすための椅子として作られているんですね。

朝倉　座ることについて調べてみると、驚くことに〝人間は座るようにできていない〟という事実に行きつきました。どんな座り方でも椎間板《ついかんばん》などに負担がかかる。ならば、その負担をできるだけ少なくする設計が必要だと思いました。しかも日本人は世界一座っている時間が長く、循環機能に悪影響だという研究も進んでいるんです。椅子にできることは何か。負担を最小限にすることこそ、椅子の存在意義だと思いました。これは大人にも言えますが、オフィスチェアの機能性は取り沙汰されても、ダイニングとなると途端に気にされなくなってしまうんですね。

本多　ものづくりのスタート地点で、作る意味を考える、使命を持たせる。こんなにコンセプトがしっかりあったものなんですね。

朝倉　これまでは漠然とした座り心地でデザインをしてきました。でも、この椅子を作って以降は〝背骨のS字をどれだけ支えるか〟が本当に大切とわかって。よい姿勢がサポートできれば、「これがよい姿勢」と体が覚えます。姿勢がよくなれば、見た目はもちろん肩こりや腰痛を遠ざけてくれる。噛むことや歯並びにも直結して、目の疲れにも関わってきます。よい姿勢で座る習慣が、子どものうちにつけられたら。

本多　姿勢って本当に大切なんですね……。うちの長男は普段アップライトに座っているせいか、ソファでも背筋が伸びているんですよ。

朝倉　ユーザーの声には、授業参観でクラスの子を後ろから見ていると、アップライトを使っている自分の子が目立って姿勢がいいというものもあります。よい姿勢をつくる椅子に日常的に座っていれば、ほかの椅子でもよい姿勢でいる習慣がつく。

本多　アップライトの使用感に満足していたんですけど、お話を聞いてますます「正解だった！」という気持ちが大きくなっています。作ってくださって、心から感謝です。

子どもの姿勢を一番に考えた椅子、アップライト。背中のS字カーブをしっかりと支え、良い姿勢を自然と保ってくれます。工具なしで手軽に高さの調節ができるので、成長に合わせて一番適したバランスで座ることができます。おおよそ成長しきる18歳を目途に、なんと18年保証で、この長さは世界一なんだそう。けれどここ4年で修理依頼のあった椅子はひとつもなく、孫の代まで使えるものと胸を張る朝倉さんと柴原さんです。

計算し尽くされ、こだわり抜かれた背もたれ。座面をどの高さにしても絶妙に背中と腰を支えてくれます。このカーブをつくれるメーカーの選定にも奮闘したそう。

「息子の椅子を調節していて、ピッチがもう少し細かければと思っていたのでたくさんつくりました」と朝倉さん。座面は14段階で、足台が16段階。多いと制作工程が大変になるので、ちょっと刻みすぎたかなとほんのり後悔中(笑)。工具もいらず、調節は簡単です。

使い手のことをとことん考えて

朝倉　追求したのは、お尻が前に出ず、骨盤がなるべく寝ないように背中と腰椎《ようつい》と骨盤を支える背もたれです。この背もたれの木型をつくれるメーカーは非常に数が少ないですし、コストもかかります。今の販売価格でこの品質を保ってくれるのが豊橋木工さんでした。実は、工具を使わずに高さ調節できる仕組みを仕上げたのは豊橋木工の杉山雅彦さんです。

本多　思い立った時にすぐ座面と足置きの高さを調節できるのがありがたくて。工具がいらないというのはとてもラクです。

朝倉　簡単に調節できるということは、子どもの姿勢を守るのに大きな意味を持ちます。成長の早い子どもにとって、適した座面の位置はすぐに変わります。調節が面倒だと親御さんもなかなか手をつけません。

本多　この椅子はディレクター、デザイナー、メーカーの熱意の結晶ですね。

朝倉　座面は板の方が拭き掃除しやすいんですけどね、お尻がすべって前に出てしまうので張り座にしました。何時も大人の都合より子どもの姿勢を優先するように考えたい。座面が深いと、背もたれがちゃんと使えないとか、成長に伴い座面の位置がどう変化していくかなど、さまざまに計算して側面のフレームも設計しました。

本多　大人の都合より子どもの姿勢が優先――それって、子育て全般に応用したい考え方ですね。素材、背もたれ、座面の奥行き、高さの調節方法、1つ1つに意味があって必然的なデザインが生まれている。

朝倉　椅子文化の浅い日本でも、もっと姿勢と椅子の関係に関心を持ってもらえたらと思っています。

本多　消費者の幸せを考えたモノづくりに感銘を受けました。改めて、モノは高い安いだけで選ぶものではありませんね。その価格に行きつくまでの理由がある。そこまで知って、想像して、本当に賢い買い物ができるんだなと感じました。とくに家具は一生どころか次世代に引き継げるようなモノ。じっくり検討して買うべきだと再認識です。

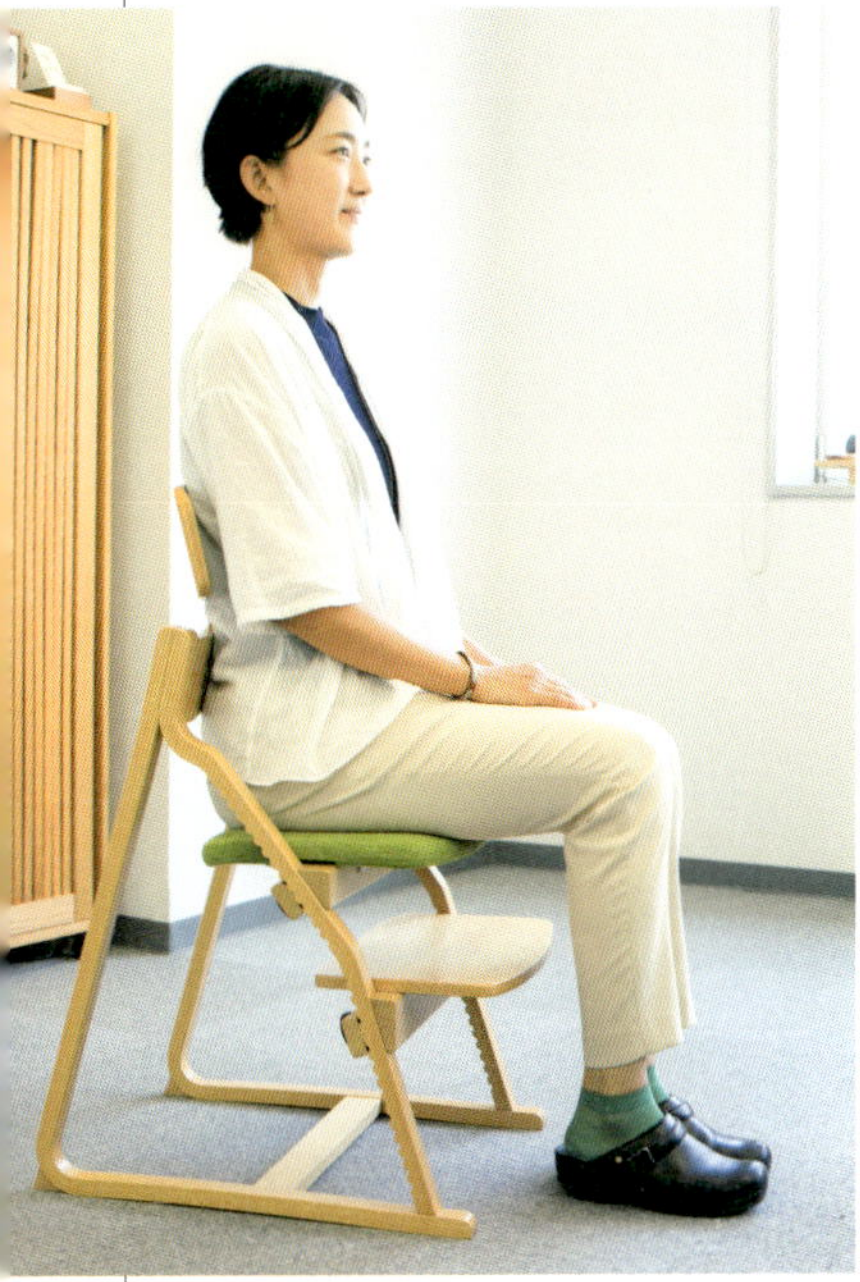

大人が座っても気持ちいい。「この椅子を選んで心からよかったと思ってもらいたい」というお二方の気概にほれぼれです。

子どもとお片付け習慣

靴を脱いだら揃える、帰宅したら手を洗う、寝る前に歯を磨くなど……、子どもに身に付けてほしいと思う生活習慣はいろいろと浮かびます。そしてやっぱりお片付け（＝使ったモノを元に戻す）習慣はぜひ小さいうちから身に付いたら……なんて願わずにはいられない、整理収納コンサルタント母さん。とは言っても、「片付けの英才教育よ！」なんて、ものすごいスパルタな姿勢で息子に接してきたつもりはございません。がしかし、自分で言うのもあれですが、3歳になる長男は今のところお片付け（おもちゃの）が習慣化しています。

習慣化を導いたポイントは以下の2つだったのではと分析します。

①おもちゃ収納は常に遊ぶ場所に設け、すべて投げ込み式にしたこと

②ごはんやおやつを食べる前、テレビを見る前、寝る前など、次の行動に移る前のおもちゃリセットを習慣化したこと

0歳時代はまだお片付けの意味がわからず、1歳時代は理解するようになっても気分のむらが激しく、まだまだ習慣化は難しい時代でした。けれども家では必ず私が②のリセットを習慣化していたので、私自身がラクに片付けられるよう収納を①のようにしていたのです。投げ込み式は、子どもにとってももちろん簡単な収納方法なので、気分が乗るとポイポイッとお片付けも遊びのように楽しくできるようです。

本人に「片付け習慣が身に付いてきたな」と感じるようになったのは、2歳半頃だったでしょうか。それまでやたらとリセットしたがる母の様子を見ていたので、「それが当たり前」という感覚が植え付けられたように思います。また、簡単な会話のやり取りが面白くなってくるので、「テレビを見るならその前におもちゃは片付けようね」とか「おもちゃも寝る時間だから元に戻してあげようね」などの言葉がけにも〝ぼく、ちゃんと理解してますよ〟アピールが手伝い、張り切って「うん！」となることが増えました（もちろん、ややこしいお年頃なので「やだぁ〜〜」な日もあります）。

先日高校生のお子さんを持つお母さんに聞いた話。小さい頃からおもちゃなど私物の「残す？ 手放す？」を一緒に考えさせる整理の時間を定期的に持ってきたそうなのですが、彼は今では定期的に自分で整理するので、部屋がモノで溢れることがないのだとか。

そのアクションを何度も何度も繰り返すうち、身体にしみ込むように馴染んで、気づけば自然とやっている。それが習慣。お片付けの習慣も、とにかく繰り返すことと、繰り返しが億劫にならないハードル低めの収納が大切だと感じます。

3 食

食べたもので体ができていることを考えれば、
ぐんぐん成長する子どもたちには
栄養たっぷりのおいしいご飯を出してあげたい。
けれど私は料理が苦手。
さらに息子は野菜を筆頭に好き嫌いたっぷり。
この立ち並ぶ壁をどうにか越えるために、
もしくは避けて通るために、
情報のアンテナ張りと試行錯誤に余念がありません。

21

朝食の新定番は自分で食べてくれるサンドイッチ

以前は作るのが面倒そうで距離を置いていたサンドイッチ。一度長男に作ってみたら思ったより好評で、朝食の定番となりました。炭水化物だけでなく、タンパク質や食物繊維なども一度に摂れるので大変お得。しかも、口を開けて待っているタイプだった長男が、自らつかみ食べをしてくれるので最高です。長男としても、起きた第一声が「サンドイッチちゅくるよ～」なほどお気に入り。

最近では、料理をしない夫も息子のためサンドイッチづくりにチャレンジ（きっかけは「毎朝自分の用意だけすればいいからいいよね！」という私の爆発）。前夜からゆで卵をつくったり、食パンを買って帰ってきたりする様子が、大変に好ましい今日このごろです。

おいしい!

わが家で大人気!
バナナゴマきなこサンドのつくりかた

その他の定番具材

- バター+卵サラダ+スライスチーズ
- バター+ジャム+クリームチーズ
- バター+水切りヨーグルト+バナナ
- かぼちゃペースト+クリームチーズ

プレゼントでいただいた東屋のバターナイフは、刃先が薄いので、これ1本で切ったり塗ったりできる。サンドイッチづくりが格段にラクに。

コーヒーフィルターにプレーンヨーグルトを入れ一晩冷蔵庫に。水が切れてクリーム状になります。

❶練り白ゴマとケーキシロップ半々を塗ったパンの上に、バターナイフでバナナを直接スライス。

❷きなこをたっぷりふりかける。

❸もう片面にバターを塗る。

❹バターナイフで耳を落としてできあがり!

22 困った時のチャーハン

チャーハンの大好きな長男。「時間がないから早く食べてほしい」「自分からスプーンを持って積極的に食べてほしい」「最近食べが悪い」「野菜を摂ってほしい」などの多彩な母の要望に、確実に応《こた》えてくれる頼もしい存在です。定番は、納豆しらすチャーハン。細かく刻んだ小松菜やニンジンも入れ、普段は野菜を避ける長男が前のめりになって食べているのを見てはほくそ笑んでいます。味付けは、「茅乃舎《かやのや》」の野菜だし粉末と、醤油。だしだけの時もあれば、バターと醤油という時も。具材や気分に合わせ、あくまでシンプルに。

炒めずに煮れば雑炊になり、離乳食後期にさしかかった次男が食べることもできます。お出かけの時は雑炊かチャーハンを保温ジャーに入れ、持っていくこともあります。

23

「食べてくれない」はスープに頼る

野菜の姿や食感がはっきりわかってしまうと拒否する長男への対策として、小さめカットの野菜を長めに煮て作るスープが定番に。多めに作っておいて、時にごはんも加えておじやにすることもあります。ひき肉なども加えれば、一品で完結するのでラクちん。次男の離乳食にもなり便利です。

時間のあるときは「かぼちゃペースト（P59）」を作っておいて、牛乳と混ぜてポタージュにしているのですが、これは兄弟ともに好きなスープで、朝食にも重宝します。

とにかく子どもの食事に助かる存在のスープですが、一番高頻度なのはやっぱり味噌汁。これをごはんにかけるスタイルも人気。お行儀はよくないけれど、今は食べがいいならよしとしています。スープ万歳！

24 子どもの野菜嫌い、どうする？

離乳食完了期以降、長男の野菜嫌いにはずっと悩まされています。だいたいが「形も味もわからないように」作戦ですが、食育のために形のわかる状態で皿に盛りつけることもあります。

保育園に通い始めて以降、先生方の愛とテクニックでいろいろな野菜を食べられるようになりました。「うさぎさんもこのお野菜が大好きなんだよ」「食べるとどんな音がするんだろう？」など、促《うなが》し方を教わって家でも実践。食べることができたら、大きく褒める「褒め褒め作戦」も効果てきめんです。

ただ、何をやっても食べない時も。最近では「いずれ食べるさ」とゆるく構えて、無理強《じ》いされても気乗りしないよね、と子どもの気持ちに寄り添えるようになってきました。

野菜摂取の必殺ワザ

必殺ワザ①

かぼちゃペースト

かぼちゃと玉ねぎ（＋にんじんやさつまいもなど）に塩麹を加えて、ストウブ鍋でじっくり炒め煮の後ブレンダーでペースト状に。牛乳でのばしてポタージュ、パンに塗ってサンドイッチ、ホットケーキにミックスなど使い道いろいろ。

必殺ワザ②

蒸し野菜

蒸し野菜があると、そのまま出したり、細かく刻んで何かとまぜたり、とアレンジがきいて便利です。ストウブにステンレスの蒸し器を入れて蒸しています。

必殺ワザ③

納豆

大好きな納豆に刻んで混ぜると、ぺろり。ただし納豆に頼りすぎて飽きられたら最後なので、納豆は1日1度に限定。

必殺ワザ④

スムージー

小松菜やニンジンは、バナナ入りのスムージーにして。ここにきなこと牛乳、もしくはリンゴと水ときなこの時も。甘みが足りなければハチミツを加えます。（※1歳以降）

25

ヨーグルトにトッピングで栄養をプラス

兄弟とも乳製品が大好きなので、朝食やおやつにヨーグルトを出しています。腸内環境の重要性が謳《うた》われる昨今、大人も一緒にヨーグルトタイム。愛用は、酸味抑え目の「小岩井生乳100％ヨーグルト」です。

せっかくの栄養摂取の機会なので、トッピングをしてさらに栄養をプラス。定番はきなこ、バナナ、ハチミツ（ゼロ歳の次男は入れず）。タンパク質やビタミン補給ができるので、お得感満載です。時間のない朝は、ここにコーンフレークをのせて朝ごはんにしています。

ヨーグルトは、サンドイッチの項で紹介したように一晩水切りをしてクリームとしても使用。パンやホットケーキにもぴったりです。頻繁なヨーグルト摂取のおかげか、一家そろって便秘知らずの快腸生活を送れています。

26

子どものおやつ考

おやつは時間を決めているわけではなく、お腹がすいていそうな時にあげています。長男が1歳後半頃は食欲旺盛だったので、腹持ちのよいモノを織り交ぜて。定番はミニおにぎり、サンドイッチ、個包装のスナック菓子、バナナなど。生協のチーズドッグやスーパーの焼き芋、一口食パン砂糖&きなこまぶしなどは冷凍しておき、解凍してすぐ食べられるようにしています。

虫歯予防には「ダラダラ食べ」を避けることも重要と知りました。食べる時間をしっかり区切って、唾液が歯を修復する時間を持ちたいと心がけています。また、おやつが目に入るとダラダラ食べのきっかけになってしまうので、収納場所は引き出しの中。完全に見えない場所にしています。

27

冷蔵庫に常備しているもの

子どもごはんのために、納豆、しらす、おかかふりかけ、豆腐、牛乳、バナナ、ヨーグルトは冷蔵庫から切らさないようにしています。「野菜を煮込んだポタージュの素」、「蒸し野菜（59ページ）」も常備。蒸し野菜はそのままでもいいし、刻んでおかずに混ぜたり、ブレンダーでポタージュにすることもあります。

最近は、作り置きより「半調理」に比重を置いています。作り置きは食べきれないこともあるし、作るのにかかる時間が私にとっては負担でした。「蒸しておく」「煮込んでおく」といった途中までの半調理なら、すぐにできるし、その先に様々なバリエーションがあります。ほかに「ゆでておく」「切っておく」「肉に下味をつけておく」——これだけでもごはんの支度が大きくラクになります。

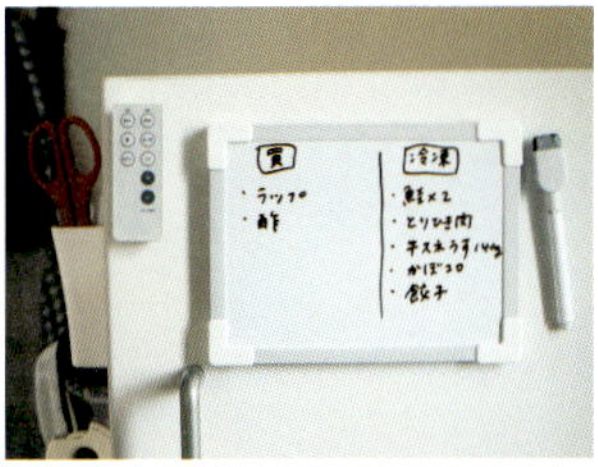

冷凍庫内のものは忘れやすいのでホワイトボードに書き出すようにしています。

28 献立は寸前まで決めない

主婦となり母となり何年経っても、料理が嫌いです。でも、子どもにはバランスのよいおいしいごはんを提供したい……そのギャップの中で日々苦しんでいます。料理嫌いな理由を自己分析してみると、第一に「献立決めが面倒！」。あれこれ試しましたが、何日も前から計画すると考える時間が長くなるので、ギリギリから考え出すことにしました。会った人に「今日何にするの」と聞いたり、スーパーで見た特売品から思いついたメニューにしたり、毎食ほぼ場当たりです。第二に、「味付けが苦手！」。友人から塩とオイルだけで美味しいと聞いてからは、複雑な味付けを手放してみることを実践中。迷ったら、塩（麹）とオイル。苦手な家事こそ、複雑にせずシンプルに。ハードルを下げて、越えやすく。

みんなのアンケート

Q 手抜きや時短したい時の定番メニューは？

お味噌汁に入れる野菜は、下処理して冷凍したもので時短しています。主食の時短はとんかつを買ってきてカツ丼、親子丼、魚のムニエル、うどん…仕事を言い訳に、日々簡単なメニューばかりです。パルシステム（生協）のおかずキットもよく利用しています。（F・Kさん）

しらす、納豆、オクラなどのねばねば丼。中華丼。寄せ鍋。リゾット。パスタ。ラーメン。おにぎりとお味噌汁だけつくり、唐揚げ屋さんで唐揚げを買う。（K・Yさん）

無添加の冷凍つくね（市販品）をストックしており、これに頼っています。良さげなレトルトのスープなども常備して心の保険に。普段は納豆を細巻きにして出すのが定番化しています。おにぎりよりも短時間で量産できて気に入っている。（C・Tさん）

ホットケーキ（豆腐・バナナ・人参のすりおろし又はかぼちゃ等全て混ぜて焼く）。子どもも喜ぶので簡単で一石二鳥。味噌汁やおかずは2日分作る。（M・Tさん）

パルシステム（生協）で冷凍で売っているアジやイワシのミンチ（味付けなし）を常備しているので、それをいろいろな野菜と炒めて味付けし、「アジ丼」「イワシ丼」にしています。（M・Sさん）

丼もの。マーボ丼、野菜炒め丼など、ワンプレートで。あとはコープ生協の冷凍食品やおかずキットが大活躍です。（S・Nさん）

チャーハン、お好み焼き、パスタ、焼きそば、中華丼、冷凍餃子。（M・Kさん）

鶏そぼろをまとめて作り置きしていれば、何にでも使えて便利。あとは惣菜買ったり、パン買ったり。（E・Kさん）

うどん、冷蔵庫にある食材とチーズの豆乳リゾット、作り置き冷凍の餃子と野菜中華スープ、作り置き冷凍してあるミートソース。（A・Kさん）

納豆しらすチャーハン、牛丼は繰り返し作っていて失敗がないし、子どもも食べてくれるのでよく作ります。豚汁は夫ウケがいいし汁だけで多品目摂取できてラクなので月に数回多めに作って2〜3日食べます。（本多）

Q お子さんの好きなメニューや食材は？

うどん、わんたん、グラタン。（A・Kさん）

子ども2人とも麺類が大好き！（S・Nさん）

青魚やししゃもが好きなので、朝食はほぼごはん・味噌汁・魚です。手羽元とゆで卵の煮物をよく食べるので、夜バタバタしそうな日は朝作っておくと温めるだけなので楽。私が遅い日は冷凍しておいたカレーを「かあちゃんカレー」と言ってよく食べているようです。（M・Sさん）

とうもろこし、枝豆、だしの染みたもの、納豆巻き、もやし、ほうれんそうのナムル。（C・Tさん）

食材は大根、かぶ、海苔、果物全般、とうもろこし、枝豆など。好きなメニューは餃子、手羽先の煮つけ、チーズおかかおにぎり、麺類全般。（K・Yさん）

椎茸でだしをとったスープ（人参と白菜や大根）。人参サラダ（人参をスライスして中華風に味付け）。お弁当箱にごはんとおかずを詰める。（M・Tさん）

食材はレンコン、セロリ、こんにゃく、もずく、ところてん（歯ごたえのいいもの、酸っぱいものが好きです）。好きなメニューはクリームパスタ、セロリのきんぴら、チャーハン、餃子、中華丼。（M・Kさん）

食べムラが激しいけれど、豆やナッツにはまっています。健康的…。メニューでは、チャーハン。（E・Kさん）

カレーとハンバーグが大好きです。カレーの日はバンザイをします。最近知恵を付けて「ハンバーグカレーが食べたい」と言うようになりました。野菜はお味噌汁でしか食べてくれないので、毎日野菜のお味噌汁を作っています。（F・Kさん）

あさりとしじみが好きで、味噌汁によく入れます。小さい頃からずっと乳製品ラブで、牛乳、ヨーグルト、チーズの3点セットは冷蔵庫に欠かせません。最近は唐揚げ、カレー、ラーメンという男子っぽい好みも出てきました。（本多）

「ごはんづくりの呪縛」からの解放

夕飯を作る、という毎日のタスクが辛いです。我が家の夫はだいぶ家事に協力的ですが、料理だけはほぼノータッチのため、毎日の食事作りは私が担当。そんな私のキライな家事ナンバー1は料理！　けれども「健康でありたい。家族にも健康であってほしい」という願いがあるので、食事をないがしろにすることはできない……キライ、でもやらなきゃ。の間で揺れているから辛いのです。

私の料理嫌いを分析すると、理由は「工程」と「頭を使うことの多さ」です。

家にある食材をチェックしつつ献立を考え、食材を買い足し、具材を切って火を通して、味つけして、器に盛る。しかもそれで終わらず、残った食材やおかずをラップでくるんだり保存容器に移して冷蔵庫にしまうという、見えない家事も発生。料理の工程の多さ、呪いたくなります。

それに料理はもっとも頭を使うタイプの家事だと感じます。献立決め、残った食材を把握しつつ何を買い足すべきかの思案、大人寄りのメニューの日は子どもが食べなそうだからどう乗り切ろう、など頭を回転させるシーンが山ほどあります。また、これらは現場にいなくてもできるので、例えばもう明日の夕飯の献立を考えたり、仕事の合間に買い物リストを洗い出したりと、何時間も前から夕飯作りへの助走が始まっていたりします。だから私は常に「ごはんづくりの呪縛」にかかり、料理のことを考えるとうんざりした気分になってしまうのです。

この呪縛から解放されるための一番の特効薬は、ずばり！「夕飯を作らないこと」。私の場合はお弁当やお惣菜を買ってきたり、近くに住む実母におかずを持ってきてもらったりすることで、夕飯を作らない日を月に数回手に入れています。夕飯を作らない日は、献立を考えることや食材の買い出しも必要ないので、その時間も節約でき、精神的にも大きなゆとりが得られます。朝食と一緒に夕飯の支度もほぼ済ませているというママ友は、「明日は外食にする」と決めたその夜はいつもより夜更かしして、雑誌を読んだりする時間をうっとり楽しむのだそう。

ごはんづくりの呪縛から解かれたお母さんの笑顔は、きっと子どもにとっても嬉しいはずです。

4 時

とにかく時間が足りなくて、
「神様おねがい、
この数年だけでいいから1日を26時間にしてください」と
懇願したくなるような乳幼児育《はぐく》み期。
日々の時間の使い方、貴重な時間の過ごし方、
“うまいやり方”を見つけて
この時期を乗り越えたいと考えています。

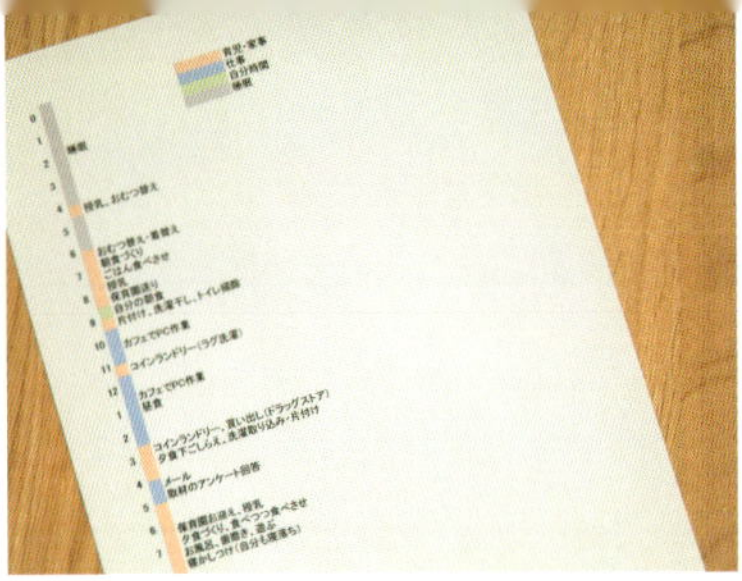

1日何をしたか、すべて書き出してみる

29

「毎日大変！」の実態を知ろう

毎日忙しいけど、1日を振り返ると何をしたとも言えない。一生懸命今日を生きたのに、「もっとできたのでは」という後悔が残る。そんなことが重なったある日、自分が朝から何をしたのかすべてを書き出してみました。朝食を準備した、子どもに薬を飲ませた、ペットボトルを洗ってつぶして資源ごみに入れた、〇時間を仕事にあてた――家事育児仕事の些細なことを含めたすべてです。すると、自分が何に手間と時間を費やしているか客観的に把握できます。何より、どれだけ今日をがんばったのかと自分を称《たた》える気持ちが湧いてきます。時には、夫に「この中のどれかを担ってほしい」と相談するツールにも。日々心晴れやかならいいのですが、煮詰まった時はお試しあれ。

30 子どもより1時間早く起きたい

「睡眠時間より朝のゆとり」派の私は、実際に起きるべき時間より30分早く起きるようにしています。余裕をもっておかないと、子どもの予期せぬ動きで時間が押し、「あれやらなきゃ、いやそれよりこっち」と頭がフル回転。1日が焦りの感情で始まってしまいます。忙しくなるのはわかっている日々の中、スタートくらい落ち着きをもって踏み出したい。〝ゆとりのある朝〟への憧れが、寝ていたい欲望よりずっと強いのでした。

起きる時は、まだ寝ている子どもたちを起こさないように、ヒーリング系の音楽をスマホで流してバイブ連動。子どもに邪魔されることなく自分の身支度や朝の家事を済ませられれば、ますます心に余裕をもって出かけるまでの時間を過ごせます。

31

買い物は毎日行かない

ハンパ野菜は大きめジップ袋にまとめて。ここから優先して使っていくようにします。

小さい子を連れての買い物は大仕事です。そのうえ、行けば必要以上に買ってしまいがち。買いすぎた食料をきっちり消費するのは簡単ではありません。冷蔵庫に鮮度の落ちた食材を溜めて「どう使おう」と悩んだり、廃棄の羽目に陥ったりは避けたいところ。そこで、買い物は冷蔵庫が空になりかけてから行くことに決めました。最近では日持ちするレトルトですら存在を忘れやすいのでほぼ買いません。「食品管理を複雑にしない」「どんどん手放してシンプルに」と心がけています。

基本的に、週一で来る生協の宅配に合わせて冷蔵庫を空《から》に近づけ、買い物は週3回が目安です。生協では卵や乳製品などの常備食材、米やおむつといった重いモノを注文。乳幼児のいる家にとってありがたい補給線です。

32

ひとり作戦会議のすすめ

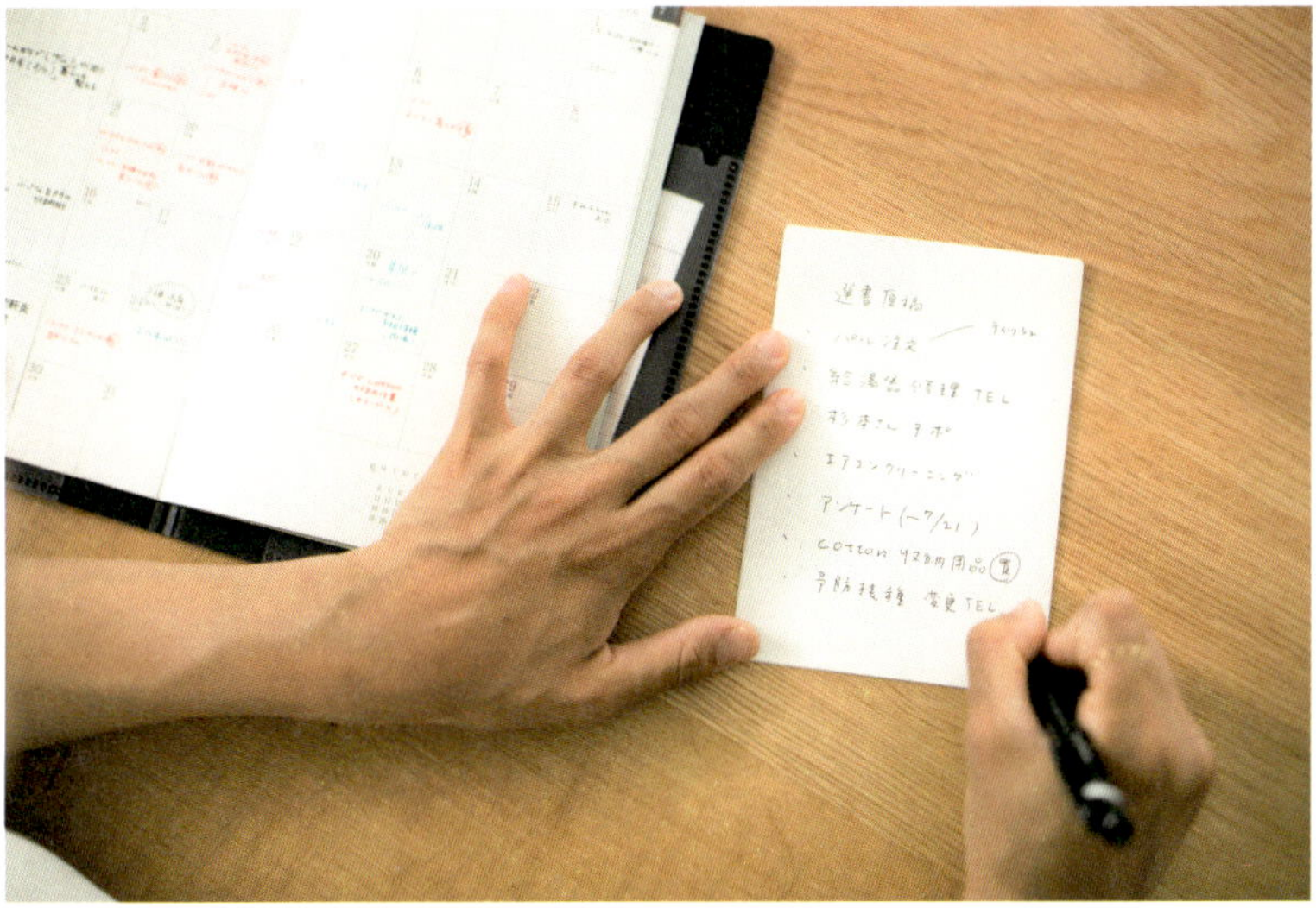

作戦会議で決まった「今日やること」は、スマホのメモ帳に書いてスクリーンショットを撮りロック画面に設定。たびたび目に入るので、効率よくタスクをこなせます。

仕事や雑用が詰まってくると、「ひとり会議」を開催します。落ち着いて座り、頭の中でこんがらがっている大小無数の「やること」を書き出して見える化。その中から達成できそうな３、４個を「今日やること」として決定します。時間のかかる用、すぐ終わる用、緊急の用——その日のうちに必ず終わらせられる量で組み合わせるのがポイントです。

終わる量にしておけば、終わらせられて「よっしゃ！」という達成感が。あくまでも、欲張って組んではなりません。そして「やらねば」だけだと気が重くなるので、「やりたい」もひとつ入れておくようにしています。例えば本屋に行くとか、ネットで来年の手帳をリサーチするとか。「今日のお楽しみ」も持ちながら、１日に充実を感じられます。

33 20時就寝に向けてやるべきことを淡々と

日々、子どもの20時就寝をめがけて夕方を過ごしています。保育園から帰ったら、逆算をして「メシ・フロ・ハミガキ」の三大イベントをこなします。その際、長男に流れを伝えておくとスムーズ。「まずごはんを食べて〜、お風呂入って〜、ハミガキをして〜、テレビ。そしてねんね」と事前に説明。難敵ハミガキの後に「テレビ」を入れることで、お楽しみ目当てに先へ促すことができます。

19時半にはリビングの照明を落とし、赤ちゃんの時からずっと聞いているオルゴールのBGM（通称「ねんねのうた」）をかけます。無印良品の持ち運べる照明を寝室に運び、本を読んで消灯します。寝かしつけは、長くても30分程度でしょうか。私も一緒に就寝し、その分早起きをして行動することも多いです。

34 夜に必ずやっておくこと

台布巾の煮洗いは琺瑯《ホーロー》のポットで。朝になると冷えているので、すすいでベランダに干します。

寝かしつけ後に、子どもたちの保育園連絡帳を書いておくようにしています。先生方は園での様子を丁寧に書いてくださるので、私もうちでの息子の様子を書くのに力が入ります。子の就寝中に連絡帳に向かうと、穏やかな気持ちで子どものことを振り返れるのがいい。自分にとっても記録になるので、きっと保存版になるのだと思います。

ほかに、台布巾を煮洗いしておく、ダイニングテーブルの上をきれいにリセットしておく、ソファの上を整えておくなどが是非夜にしておきたいこと。これで起きてきた時に、気持ちよい朝を感じることができます。理想は、家が心底ざわつくことのない場所であること。どの行動もそのために。明日の自分の気持ちをよくするための、夜のノルマです。

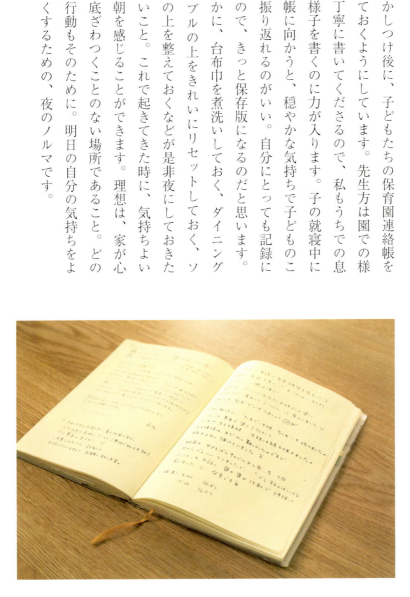

35 自分を使い切るだけで終わらせない！　何も生み出さない時間

家の中を見回しても、頭の中を整理しても、「やるべきこと」は泉のように湧き出てきます。こなそうと思えば、ちょっとの時間もあてなければ追いつきません。「生産的に」「効率的に」とがんばるほどに生活は回りますが、目だって回ります。理想を追って疲れ果て、「ほんとはやらなきゃいけないのに……」と自分を責めながらダラダラするくらいなら、いっそ心から非生産的な時間を楽しんだ方がいい！　とつくづく思う昨今。

私の場合、子どもが寝ている時間にテレビを観て笑ったり、気の向くままにスマホを見たり。何を生産しているわけでもないけれど、心は安らぎ、気の晴れる大切な発散の時。後ろめたさゼロで、「やっちゃお～」とワクワクスマホを開けています。

何の義務でもなくお楽しみでスマホをいじっていると、そんな時こそ暮らしや人生や仕事にとって大切な情報が飛び込んでくるときも。あそび万歳。

36

「自分の世界」の時間を持つ

24時間365日「お母さん」なことに変わりはありませんが、「私」である時間もとても大切に思います。子どもから離れて、ひとりで外食したり、書店で本を選んだり。基本的に在宅勤務なので、ランチは自宅でササッとすませるのが定番ですが、週に1回は外で食べる日を設けています。「ああ、今豊かで贅沢な時間の中にいる」と感じることで心がリセットされ、育児や仕事へと再び向かっていく力になる。自分を取り戻し、整った状態で再び走り出すことができています。

先輩お母さんからは、「親べったりの時代は思ったより早く終わる。遠くない将来、子どもは離れていく」とよく聞きます。自分の世界を持って広げておくことは、親子双方にとってよいことだろうなとも感じています。

みんなのアンケート

Q「自分の時間」はどのくらいある？　またその過ごし方は？

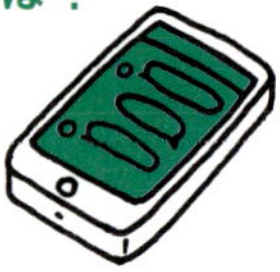

子どもが寝た21時から24時まで、自分の時間です。仕事をしていることも多いですが、よくスマホをいじっています。（A・Kさん）

朝息子が起きるまでと、会社の通勤時間が自分の自由な時間です。好きなTV番組を見たり、LINEやSNSで友達とコミュニケーションを取ったりしています。（F・Kさん）

通勤時間のメールやインターネット。本を読む。主人が子どもと遊んでいる間の買い物。子どもが寝たあと（ほぼ寝落ちしてしまうけれど…）のヨガやネットショッピング。（M・Tさん）

息子就寝後、21時半からの2時間。ドラマを集中して観る。休日に友人とランチまたは夜ご飯を食べに行く。（E・Kさん）

平日は深夜になります。やはり寝かしつけ中に一緒に寝てしまうことが多く、「はっ」と目覚めるのが夜中1時2時。少しだけ買っていた本を読んだり、子どもまわりのものをネットで注文したり、手帳を見ながらやることを整理したりしています。（K・Yさん）

平日は子どもが寝た後の21〜22時くらい。ワインを飲みながら本や漫画を読んだり、録画した朝ドラを見ながらストレッチやお灸をしています。夫が保育園の迎えから寝かしつけをする日は週1回（時々2回。仕事関係のイベントや飲み会。友人と食事、ヨガ）です。休日は友人と大人だけランチに行くことが月2回程、ヨガや整体が週1回程です。（M・Sさん）

日中の子どもの昼寝1〜2時間→お茶しながらネットを見たり調べたり、たまにうとうとしたり。夜ご飯の献立を考える。夜子どもの就寝後21〜22時以降の2〜3時間→洗濯物を干す。旦那と会話。インターネット。返信できていなかったメールやLINEなどの返信。（M・Kさん）

電車の中、平日の夜、休日の子どもの昼寝タイム。（S・Nさん）

娘が眠りに敏感なため、割と夜おきる。よって、なかなか1人の時間はありません。ある場合は23時から1〜2時間。（C・Tさん）

夜子ども寝かしつけ後、家事を片付けたあとの2〜3時間（22〜24時台）。緊急度の高い仕事があれば片付ける。そうでなければ録画した番組を見ます。夫が風呂担当だった日はその時間に一人でゆっくり入ります。スマホをジップロックに入れて動画やインスタなどを見ながら。（本多）

Q ワンオペの休日の過ごし方で工夫していることは？

お友達親子を誘って公園に行くと、子ども同士は楽しく遊び、親同士はおしゃべりで発散できるなど充実します。出産前は出不精でしたが、育児は1人で背負いきれないので迷わず外へ！ 友達が見つからない時は家族に声を掛け、息子を思いっきりかわいがってもらいます。(F・Kさん)

お友達と遊ぶ！ 遊びに来てもらう！（S・Nさん）

ずっと家にいると母がイライラしてしまいがちなので、なるべく外に出かけます。母の友人と子連れで会ったり、公園に行って遊んだりします。(M・Sさん)

ダメ元で軽い気持ちで仲の良い友人に予定を聞いてみる。ワンオペの場合は、公園に行き、身体を存分に使い、お昼寝をさせるようにする。(C・Tさん)

家の中で2人だとやることが尽きてしまうので、午前・午後1日2回公園に行きます。2人だと遠出が大変なので、近所で過ごすことになりますが、少しだけイベント的なこと（一緒にアイス屋さんでアイスを選ぶなど）を設けるようにしています。(K・Yさん)

1人で向き合って煮詰まらないように、近所の友人宅や、遊び場へ出かけたり、ビデオ電話でジジババと話をしたり。(E・Kさん)

土日出勤の夫なので、ほぼワンオペ休日です。家や近所にいることが多いです。親戚に来てもらい家事を助けてもらうことも。3連休の時は実家や親戚の家へお泊りに行ったりと、休日に疲れをためないように無理はしません。(A・Kさん)

なるべく外に外出し、身体を動かすようにする。近所の公園や、バスに乗ってお出かけするなど。夫がカレンダー通りの休みなので、平日はなるべく実家に行き子どもの顔を見せるようにする（幼稚園に通いだしたらなかなか顔を見せてあげられないと思うので）。(M・Kさん)

前夜に洗濯をし、当日の家事を減らす。なるべくワンオペにならないように、祖父母や友人と予定をいれる。(M・Tさん)

とにかく1日中母子だけにならないように、家族や友人に会う予定を立てます（予定が決まっていれば早めから声をかけ調整）。(本多)

写真アルバムは作らない派だったけれど

3姉妹ママのお宅で整理収納作業をしたとき、収納棚の中から大量のアルバムが出てきました。子どもたちのものかと思えば、7割ほどはご夫婦それぞれの幼い頃からのアルバムだということ。その重量感、空間を圧迫するボリュームはすごいものがありました。それゆえ、普段手が届きにくい壁面収納の高い位置に収納されていて、ほとんど目に触れる機会がなかったようです。その後ご夫婦で中身を編集し、ずいぶんコンパクト化して手に取りやすい状態になっていました。

昔のアルバムは立派で重いものが多く、場所もとるので収納の奥の方で眠りがちな印象がありました。実は私自身も結婚して実家を出るタイミングに、タワーのように積み上げられたアルバムと格闘した経験があり、その時に写真をすべてアルバムから剥がして整理し、今ではコンパクトな箱1つに収まっています。ページをめくる楽しさはなくなりましたが、身近に置いておけるのでこのスタイルにしてからの方が見返すことが多くなりました。

そんな自分自身の経験と、これまで多くのお宅で大量のアルバムが死蔵されがちである実情を見てきて、子どもが生まれても「彼らのアルバムは作らない。今はデータで気軽に見られるから」という気持ちでいました。

けれども最近「やっぱりアルバム作ろうかな」と考えを改め始めたのです。それは長男がいつも楽しそうにスマホの写真や動画を見返しては、「ここでカブトムシ捕まえたね」などと思い出を蘇らせているから。また、たまにしか会えない友人や親戚などの存在も、写真というツールのおかげで忘れず記憶できているようです。

そして、先に述べた3姉妹ママは「うちでどの絵本より繰り返し読まれている書物はアルバムなんですよ」とおっしゃっていました。「たしかに絵本のようにアルバムもリビングに並んでいたら、子どもは好きなときに眺めることができるよなあ～」と思い、これからアルバムづくりに挑戦しようと思っている私です。

5 遊

子どもと遊ぶのは楽しくて、大変。
子連れでおでかけするのは楽しくて、やっぱり大変。
何を重視してどこに出かけるのか、
何をどう準備するのか。
大変だけど、やっぱり楽しい！

キッチンの壁に今度行きたいイベントのチラシなどを貼っておき、夫と共有。

37

子ども主体のおでかけ

私たち夫婦はおでかけが大好きです。子どもが生まれたら、首が座るのを待ってショッピングなどに連れていきました。長男が1歳半ほどになると、興味を持つ世界が広がってきて、おでかけ先は大人の趣味より子どもの関心に合わせるように。休日ともなると、「息子の大好きな恐竜を体感しに博物館へ！」。時に行き先は動物園になったり、空港になったり。子どものハマった世界を、親も一緒になって楽しんでいます。

おでかけの日は、朝10時台に出発し、店が混む前の11時台にまずランチ。3時台には帰路について車中でお昼寝がベストパターン。遅めの出発から夕食も外食で、と欲張ると、次男が激しくグズって夕飯どころではないという失敗経験を活かしています。

38 でかける日は「ラク」の仕込みを

おでかけを楽しんで帰ってくると、親子ともどもヘトヘト。寝るまでの時間をスムーズに過ごすために、帰ってきた後の段取りを出かける前にあらかじめしておきます。朝食の後片付け、部屋の掃除、お風呂洗い——。これらを済ませておけば、きれいで整った家に帰って来られる。ホッと寛《くつろ》いで、すぐにお風呂に入れる幸せ！　これまで私ひとりで鼻息も荒く段取りをしていたものですが、最近その空気が夫に伝染し、「俺はなにやっとこうか？」と協力体制を敷けるようになりました。

そしておでかけの日恒例、「朝に布団をたたまない」作戦。掛け布団を整えておくくらいで出かければ、帰ってきて力仕事をすることもなく布団の上に大の字になれるという寸法です。ホリデーは夜まで機嫌よくいたい！

39

お風呂のおもちゃは空き容器が一番

水遊びが大好きな長男。お風呂の中でも湯船で熱心に遊んでいます。いくつかおもちゃを用意していますが、手に取るのはいつも「空き容器」。プリンのカップや飲料のボトルをおままごとの器に見立てたり、水を移し替えて実験したり、水かけっこの道具にしたりと多様に遊んでいます。当初はお風呂用のおもちゃを置いていたのですが、すぐに飽きて出番少なめに。中に入り込んだ水が抜けにくく、清潔を保ちにくいのも難点でした。

結論、お風呂のおもちゃは空き容器が一番！　漂白剤につけるだけで全体がきれいに洗え、飽きたり汚れたりしたら気軽に本来の姿である資源ごみとして捨てられます。

空き容器の収納は、メッシュハンモックを壁に吊るして。時折ネットも漂白しています。

洗濯干しのシーツを
日除け代わりに。

40 沐浴に使っていたランドリーバスケットでベランダプール

夏場気軽に水遊びをさせてあげたいと、ビニールプールの購入を検討しました。狭いベランダに置くことを考えると小さいサイズにはなりますが、それなりに収納場所を取るし準備の手間は大きいし、初めの1年間は代わりのモノで様子をみることに。登場したのは、ＩＫＥＡのランドリーバスケットです。これはもともと、子どもたちの新生児時代にベビーバスとして使ったもの。今は洗濯時に使っていますが、再び子どもを水につけるお役目に。入れてみると、長男大喜び！　そしてランドリーバスケットから溢れんばかりの体躯を見て成長に目を細める私。2歳となった今年もベランダプールを楽しみましたが、週末に水遊びスポットを巡ることも多く、ビニールプールの購入は見送りました。

2017年夏、長男1歳7カ月頃。

41

しまえるテレビが大正解だった!

テレビのないわが家でしたが、長男妊娠中に母がポータブルテレビを貸してくれました。理由は、「育児中、家にこもってテレビも見なかったら社会から切り離されるよ!」。ポータブルの良さは、テレビを出す、しまう、というアクションが生じるため、「だらだら見」を防いでくれるところ。母に返却した後、録画とDVD鑑賞もできるものを購入しました。わざわざ「出して観る」ので、うちではテレビタイムがちょっとしたイベント。長男はもちろん、ひとつ見終われば「もっと!」となりますが、事前に「これを見たら終わりね」と予告して自分で消させるようにしています。ちゃんと消せたら、褒める。消せないときは、「じゃあ母ちゃんがオフしていい?」と言うと「ぼくがー!」と慌てて消しています。

「しまえる」テレビのいいところ＝観賞場所を選べる

テーブルやソファで、または家事をしながら好きな場所で見られるのもポータブルテレビのいい点です。

ダイニングテーブルの上で。

リビングのソファで。「スノーピーク」のキャンプ用2つ折りテーブルにのせて。

キッチンで水仕事しながら。

しまう場所は……

リビング収納の隙間に立ててしまいます。薄いからわずかなスペースでOK。

42

雨の日の遊び方

雨で夫もいないような休日は、外に出られずワンオペでストレスが溜まります。子どもは子どもで退屈して機嫌が悪くなり、家はどんよりした空気に。要するに子どもを飽きさせなければなんとかなるので、いくつかの「雨の日の手」を持っています。普段はあまり出さないお絵かきセットを用意したり、スタンバイコーナーからおもちゃを出したり。

布団でお山をつくれば上ったりすべったり、2歳くらいの子にちょうどいい遊具となり大はしゃぎです。遊び疲れて、寝てほしい〜！

イベントとしては、床いっぱいにプラレールを組み立てるのが大好評。レールのレイアウトをスマホで調べ、あれこれ組み替えてと大人もなかなか夢中になります。こう考えると雨の日もまたいい思い出になりそうですね。

43

「子どもなら〇〇好きでしょ」という思い込み

長男がおもちゃで遊び始めた月齢で、「つみきはマストでしょう」と買いに走りました。ところが、まったく食いつかない！　そのうち遊ぶ日もくるさ、と思いきや3歳になりかけの今日現在までほぼまったく。そうか、「子どもにはつみき」というのは自分の思い込みだったんだと気づきました。

ほかにも「友だちの子が夢中になっていたから」「自分が子どもの頃好きだったから」「教育上よさそうだから」など親先行で用意するモノは、ひとまず少量にしておいた方がよさそう。子どもは与えなくても好きなことを勝手にやっていますし、新しい世界に触れる機会は外にも溢れています。普段の子どもを見て、その興味関心によりそったおもちゃの方がコスパがよさそうです。

44

私のママバッグ考

産前に長年愛用していた帆布と革のトートバッグは、ママバッグとして使うには重すぎました。小さいバッグとリュックを2個持ちしてみたら、どちらに何を入れたのかわからなくなりました。これらの経験から、左ページの持ちたい「バッグの条件」が導き出されました。持っているバッグの中でこれに当てはまったのは、ノースフェイスの軽量ポケッタブルリュック。その後AIGLEで肩がけもできるトートバッグを見つけ、一目ぼれ。条件にすべて合い、しかも「水筒の入るポケットが2つ（兄弟用）」「オープンポケットがメッシュで見やすい」など嬉しいおまけつき。買う時には、財布や鍵がスッと出せるか実際の動作でシミュレーションし、ストレスなく出し入れできることを確認して決めました。

導き出されたバッグの条件

- バッグは1つ。
- 背負ったり、肩がけして両手があく。
- ワンアクションで出し入れできる、オープンポケットがある。
- 荷物は多いし子どもは重いし、バッグ自体が軽いことは重要。
- 洗濯機で洗える。
- 父が持っても違和感のないデザイン。

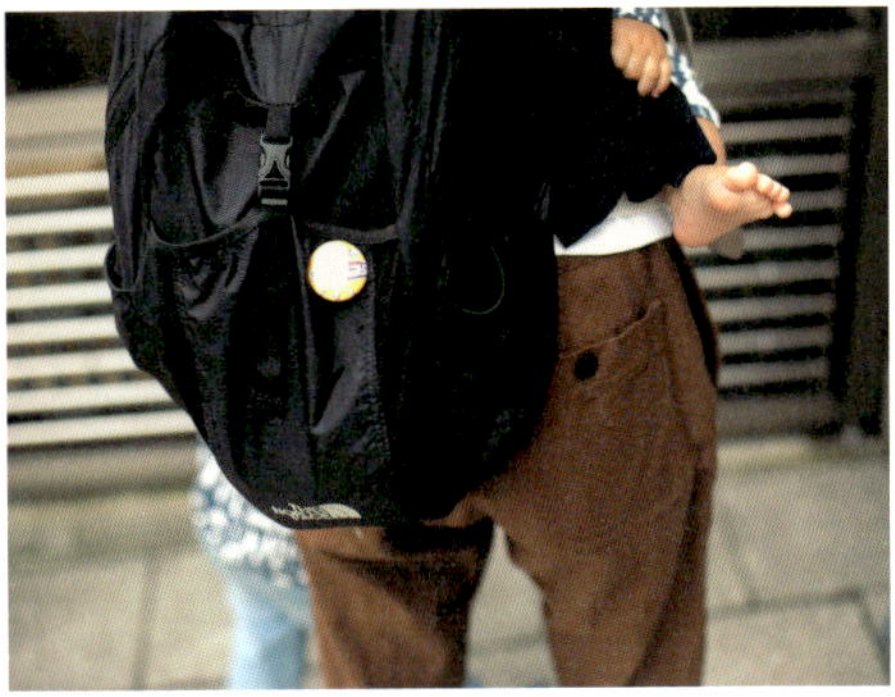

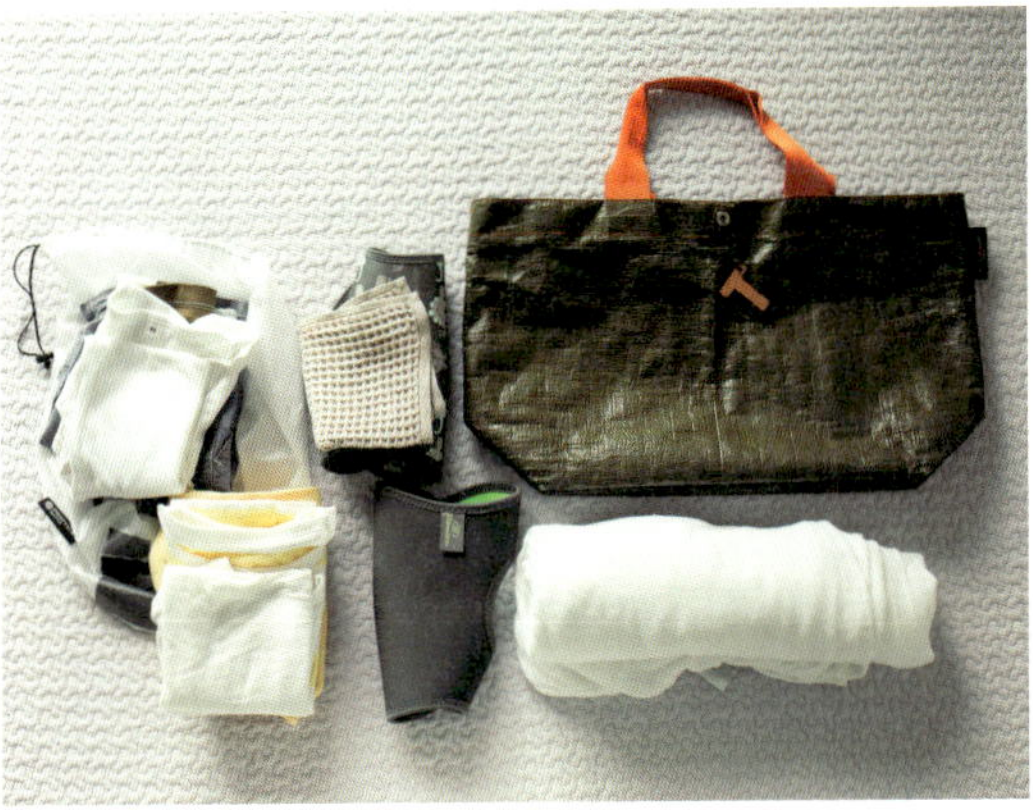

長男1歳6ヵ月(一時保育用)

エルベシャプリエのポリエチレン素材トートは軽くて丈夫、濡れても大丈夫なので大活躍だった頃。一時保育に預けるとき、指定の持ち物をセットして先生に渡していました。中身は着替え2セット、口拭きタオル、食事用エプロン、汚れ物を入れるビニール袋、お昼寝用タオル。

長男2歳5ヵ月、次男5ヵ月
(休日おでかけ用)

幼児と乳児とのおでかけには、とにかく手が空くことが最優先。サブバッグとして使っていたノースフェイスのポケッタブルリュックを通常使用するバッグに昇格させた頃。2個持ちはやめて、荷物はすべてここにまとめていました。おでかけバッグの中身は、子どもの成長と共にどんどん変化します。この頃は次男のおむつポーチ(予備のハンカチもIN)、2人分の着替え、長男の水筒と食事セット(エプロン、口拭きタオル、フードカッター)、授乳ケープ代わりのおくるみ、手ぬぐい、ウェットティッシュ、財布、携帯。

Q 休日の過ごし方、よくあるパターンは？

父母ともに土日が休みなので、どちらか1日は少し遠出し、どちらか1日は出かけても近所ということが多いです。平日は1日中保育園なので、土日はなるべくのんびりペースで過ごすことを心がけています。（M・Sさん）

夏は水遊び、その他の時期はバーベキューができる公園でピクニック：小さめのテントを建てて簡単なご飯を作り、ちょっとしたキャンプ気分を味わったりする。15〜16時位に切り上げ、その後は少し昼寝をし、義両親の家へ行き孫の顔を見せつつご飯、お風呂までいただいて21時頃帰宅（近所に住んでいます）。帰宅後就寝。（M・Kさん）

7時頃起床→朝食→掃除・洗濯（子どもと父が遊んでいる間）→10時頃（公園やショッピングセンター）に出かける→11時半頃外食→15時頃子どもは昼寝→夕飯→お風呂→21時頃子ども就寝。（M・Tさん）

平日は働いて十分に掃除ができないので、日曜日の午前10時位までは掃除をしています。その後公園やスーパーへ。家でお昼を食べ、お昼寝を一緒にしてしまうことも。月2日以外はワンオペ休日なので、とにかくお家や近所でゆっくりし、主人のいる休日は、買い物やイベント、友達のお家へ遊びに出かけます。（A・Kさん）

起床後、家でなんとなく遊び、昼食を外食に。そのついでに公園に寄って帰宅。昼寝、室内遊び、ごはん、おふろ、就寝。（C・Tさん）

午前中に電車を見に行き、そのまま昼ご飯を外食して帰宅。家で昼寝後、部屋で遊び、お風呂、夜ご飯、就寝。（E・Kさん）

朝、娘が判で押したように7時頃起床。合わせて親も起きます。午前中にお出かけして、お店が混む11時半位までに入店、昼食。帰宅後お昼寝タイム。起床後、軽いおやつ。17時をまわるとお風呂に入れ、18〜19時の間に晩ごはん。その後はEテレなどのTVタイム。歯みがき、着替えの後、最後のひと遊びをし、21時頃就寝。（K・Yさん）

朝から体操教室へ行き、ご飯を食べてそのままでかけます。出かける先は大きな公園や動物園など。土日休みなので、あまり混まない場所を選ぶように心がけています。（F・Kさん）

土曜日は上の子の習い事スケジュールで行動。合間に下の子と公園に行ったり、お買い物に行ったり。日曜日は掃除や洗濯など家族みんなで家事をしてから、おでかけ。公園に行ったり、お買い物に行ったり。お昼を食べて、お昼寝のころに帰宅。（S・Nさん）

【攻めの休日】と【守りの休日】2パターンあり、攻めは都内や少し遠くに車でおでかけして朝から夕方まで遊びます。朝食後、家事を済ませたら10時台に出発し、現地で早めのランチをしたあとショッピングや子ども向けの公園、レジャー施設遊びを。守りは地元の公園、イオンなどに軽くおでかけした後、家族みんなで昼寝して体力温存の休日です。（本多）

Q おすすめの子連れおでかけスポットは？

ショッピングモール（キャラのついているショッピングカートに喜ぶ。トイレ、食事処が充実している。雨の日も◎）。（A・Kさん）

動物好きの息子のために動物園や水族館に行くようになりました。好きな動物は1時間くらいじっくり観察してくれるので、大人は意外とのんびりできます。（F・Kさん）

井の頭公園（東京都）。ストライダーも乗れて、ご飯どころも多く、動物園も水生物園も近くて飽きない。乳幼児にとって手頃な広さ。動物園は年パスがおトク。（E・Kさん）

川口グリーンセンター（埼玉県）。適度に広く、広い芝生ゾーンがあったり、動物が見られたり、温室があったりと色々楽しめる。特に子どもの遊具が充実しているゾーンでは体を沢山動かせる。大きい滑り台があったりミニSLに乗れたりして大人も楽しいです。（M・Tさん）

・ベルナール・ビュフェ美術館内の「ビュフェこども美術館」（静岡県）。小さな子どもが遊べるスペースがあり、お絵かきなどが楽しめる。施設全体が美しく、ゆったりとしており、ご飯なども食べられて1日楽しめた。・碑文谷公園（東京都）。ポニーに乗れたり、うさぎに触れたり、飽きずに過ごせる。（C・Tさん）

各種地域のお祭り。屋台、太鼓の音、お神輿などに血が騒ぐようで、「お祭りがあるよ」というと熱望されます。地域のイベントHPなどをチェックし、近場のお祭りには出かけるようにしています。（Y・Kさん）

東京ミッドタウン（大人はショッピング、子どもは公園遊びができて両者満足。天気がよければテイクアウトを調達して外の芝生やテーブルで食べられる）。羽田空港（男児向けだが、飛行機が見られるデッキで小一時間間がもつ。大人はそこでビール飲んだりも可能。飲食店も多いので外食も楽しめるし、お土産店、本屋、おもちゃ屋などショップも充実していて面白い）。（本多）

みんなのアンケート

Q おでかけ時、どんなバッグを愛用していますか？

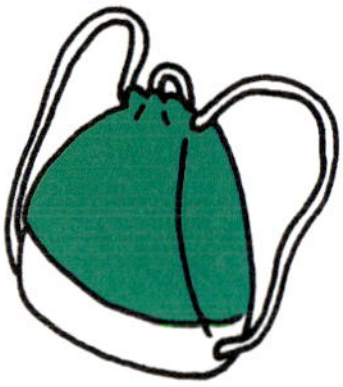

手をつないで歩くので、両手が空くようリュックサックばかりです。ノースフェイスの小さくたためるナップザックが軽量で気に入っています。（M・Sさん）

手ぶらでいられるよう、リュックででかけます。使用しているマリメッコのリュックはポケットが多く、サイドに水筒、フロントにお手拭き、付属のカラビナに消毒用アルコールをぶら下げて…と使い勝手が良いです。（F・Kさん）

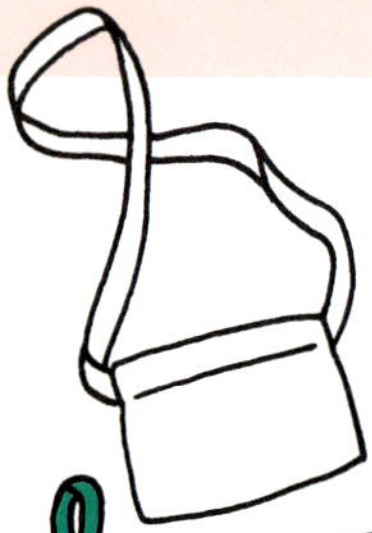

長時間の外出は専らリュック：ノースフェイスのFLYWEIGHT RECON（両サイドにポケット付きで、水筒をすぐ取り出せるのが◎）。TUTUMUのBooks（大容量な上に型崩れしにくい）。短時間の外出はサコッシュ：GRIP SWANY CAMP GEAR。（M・Kさん）

（主人がいるとき）IL BISONTEの斜めがけバッグに貴重品、ミナペルホネンの巾着に子ども用品を入れる。
（母1人のとき）BRIEFINGのリュックに貴重品、ミナペルホネンの巾着に入れた子ども用品など全てを詰める。（M・Tさん）

買い物などがある時はSTANDARD SUPPLYのリュック、近場にお昼だけなどの時はお財布バッグだけで出かけます（おむつ、おしりふき、タオルなどは子ども用リュックに入れます）。（K・Yさん）

自分用には貴重品を常に携帯できるよう、斜め掛けできる、ナイロン素材のポシェットを愛用（軽いもの）。子どもグッズは自分で持たせる！（2歳児はリュックを愛用）。（S・Nさん）

ショルダーにもなるトートバッグ（AIGLE）。軽くて外ポケットが多いので使いやすいです。兄弟分の水筒の指定席（ポケット）があるのが決め手でした。荷物が多い時には、ビニール製のかごバッグも重宝します。冬場は脱いだ上着や帽子などをざっくりまとめたり、細々買い物したモノをまとめたり。

Q 休日のおでかけ時に必ず入れていくものは？

オムツセット、着替え一式、水筒、バナナ、ゴミ袋。(E・Kさん)

ウェットティッシュ、ビニール袋（ゴミ入れ等多用途で便利）、着替え、絆創膏、手ぬぐい（かさばらないので）、おやつ、水筒（F・Kさん）

オムツ、着替え、水筒、おやつ、母子手帳、救急ポーチ（絆創膏、日焼け止め、虫刺され・虫よけスプレー、馬油、爪切りなど）、トミカ数台。(M・Kさん)

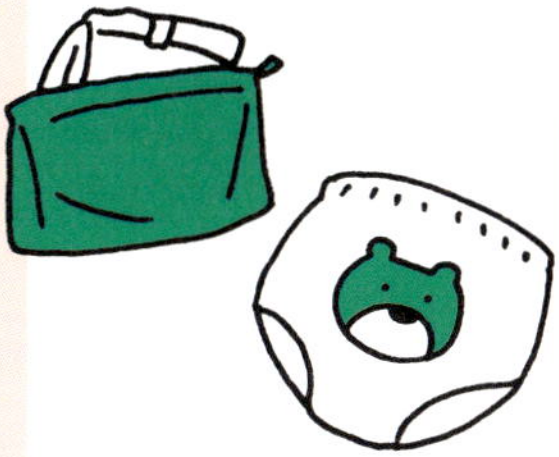

バンダナ（手拭き、食事のエプロンなどいろいろ使えて便利）、ゴミ袋、おやつ、遠くに行くときは念のためパンツとズボンの予備も持っていきます。(M・Sさん)

おむつ、おしりふき、ウェットシート（除菌）、子どもの着替え（肌着・トップス・ボトムス・靴下）、ゴミ袋、ハンドタオル（2枚）、食事用エプロン、シャボン玉、貴重品、ティッシュ、裁縫道具（ハサミがなにかと役に立つ）、バンドエイド。(M・Tさん)

おむつポーチ、おやつポーチ（チューブのゼリー・バナナ・せんべい等のおやつ、飲み物）、お着替えポーチ、手ぬぐい2枚、ごみ袋、手ふきシート、娘が選んだ玩具（選ばないときはレゴや小さいぬいぐるみ、アンパンマングッズの薄いカタログ、シールブック）を入れた子供リュック（A・Kさん）

おむつポーチ（必ず予備の手ぬぐいも）、着替え1セットずつ（冬場は下だけ）、水筒2本、おやつ（粉々にならないよう缶の入れ物にいれて）、外食セット（エプロン、おしぼり、フードカッターの3点セット）、おもちゃ、アルコールウェットティッシュ（本多）

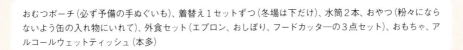

プロに聞きたい！

子育て中の簡単ヘアケアを教えて！

及川明香さん。本多の行きつけ、さいたま市にある美容院cottonの美容師さん。
長女6歳、長男3歳のお母さんであり、「好きなだけ育児をして」と言ってくれる店長のもと職場復帰。30代はロングヘアでいろいろなアレンジをしていたが、二人目が生まれていよいよ時間がなくなり、現在はショートヘアに。
同じお母さんとしてわかってもらえそうということで、お母さんからの指名多数。

おしゃれはニュアンス！

本多　ずばり、忙しいお母さんでもラクしておしゃれに見せられる髪型を教えてください。

及川　髪の毛に立体感があると、たとえおくれ毛が出ていても「疲れた」感じではなく、それはニュアンスになるんです。ニュアンスが出ると、女性らしくおしゃれに見える。分け目を真ん中からずらすだけでも違いますし、前髪を長めにとって顔の横で揺らす感じにしてもいい。フワッと揺れたり髪の束と束の間に隙間があると立体感が出るので、パーマがかかっているとラクです。

本多　ニュアンスが肝！　パーマじゃない私にも出せますか？

及川　パーマをかけていなくても、朝起きたら髪の毛をしっかり濡らしてドライヤーでふんわりさせるといいですよ。濡らす時は髪の芯まで

びっしょり濡らすこと。そしてドライヤーの最後は冷風にすると、キューティクルが締まってパサつきません。髪の毛がふんわりしたら、ワックスを掌全体にのばして、下から指を入れてワシャッと握る。髪の根元から全体的にワックスを行き渡らせて、立体感を出します。

本多 後ろで結びたい人はどうすれば立体感が出せますか。

及川 結んでから後頭部を放射状に10カ所程度つまんで引っ張り出すと、ふんわりと立体感が出ます。横から見た時にあごのラインにつながるカーブにすると、首が長く見えますよ。

本多 ニュアンスとボサボサって紙一重ですよね。どうすれば？

及川 締まるところが締まっていればボサボサに見えないんです。上はふんわりしていても、襟足や耳の後ろから下はキュッと締まっていた方がよい。とにかくあれこれ試して、練習してみることです。美容師に相談すると早いかも。

本多 育児期に一番ラクなカットは何だと思いますか？

及川 ばっさり切る方と、後ろで結びたい方の比率は半々くらいです。ラクなショートにしたいけど勇気が出ないという方は、ボブもいいですよね。産後の抜け毛と、新しい毛の立ちあがりが気になる方は、生え際を隠せるよう前髪をつくるのもお勧め。顔が全部出る髪型はハードル高めです。

心の隅に、「ありたい自分」を

本多 産後、ガクッとおしゃれに興味がなくなったんです。

及川 それはそれで、育児に没頭していていいですよね。ただ、心のどこかに「いつかまた」という気持ちを置いておいてほしいんです。鏡を見て「おしゃれしたい」と思うだけで、女性ホルモンは上がると言われています。おしゃれをして「私まだイケるな」と思えばさらに上がります。上がれば、肌も髪もよい状態になるので好循環なんです。今は無理でも、またおしゃれできる。「もう自分には縁のない世界」と決めつけるのはやめてほしいんです。

AFTER

BEFORE

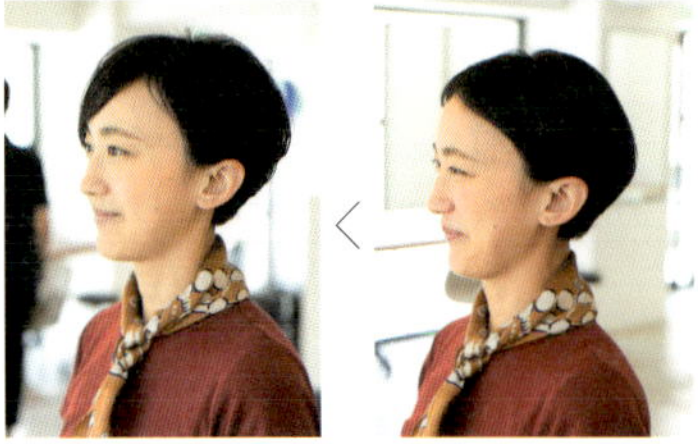

ニュアンスでこんなに違う！

分け目をセンターから左寄りにし、トップをフワッとさせただけで印象が様変わり。ペタンとした髪の毛をふわっと持ち上げることが大切です。毛束の間に肌色が見えたりと隙間をつくることもポイント。

本多 ハッとしました……。おしゃれへの心を失わないようにしよう。

及川 「どういう自分でありたいか」と律する心を小さくでも持っていられたら。例えば、こぶしで鎖骨の下をマッサージするだけで顔色をよくすることができるんですよ。時間がなくてもできることがある。

本多 ぐりぐりするだけで顔色が！簡単だし、道具がいらないってすぐできていいですね。

及川 わきの下や鼠径《そけい》部などリンパの集まる場所をさすればむくみ解消につながりますし、頭皮をマッサージすれば地肌と髪の状態がよくなります。忙しいお母さんはついつい怖い顔で過ごしがちだけど、ちょっとさすって、深呼吸して、リラックスしてから料理してみるとか。ちょっとした意識と行動の差で、きれいが違ってくると思うんです。

髪の悩みはなんでも相談！

本多 美容室であんまり要望を言うのって迷惑な気がしちゃうんです。

及川 言いたいことを飲みこむ方がいますが、すると美容師もできることが狭まるんですね。「こんな悩みが

＼ 教えて! ／
及川さんに一問一答

Q. あんまり美容室に行けません。

A. 整った状態をキープするなら、2カ月ごとの美容室が理想です。来られない方にはのびてもバランスが崩れにくい髪型を考えるので、美容師にその旨を伝えてみてください。

Q. 白髪が増えてきました、どうすればいいの？

A. まず、抜くのはNGです。毛根が曲がって、次の毛がうねってしまうし、最悪生えなくなってしまいます。分け目を変えたり、前髪を作るだけで目立たなくなることもあるので試してみてください。染める場合は、全体を染める「ファッションカラー」と、白髪だけを染める「ヘナ」「ヘアマニキュア」があります。私は明るい色のファッションカラーで、全体的に白髪の目立たない色合いに。ヘナは髪を明るくすることはできませんが、植物を粉末にして使用するので、トリートメント効果も高く、髪にハリやコシを出してくれます。ヘアマニキュアも髪を明るくすることはできませんが、白髪にビビッドに色が入るので、紫やピンク、白髪でしか楽しめないハイセンスなおしゃれが楽しめます。白髪への対応は様々で、「白髪を活かす」「隠す」「ぼかす」「まったく気にしない」など。好みやライフスタイルで選択してみてください。大切なのは自分らしくいられること。

Q. 子どもの髪の毛を切るコツは

A. ケープを買わなくても、レインコートでも大丈夫。切る時はいきなり短くしないで、長めから見当をつけて切っていくこと。前髪の幅は左右目の幅くらいが目安ですが、広めにとると小さいうちはとても可愛いです。切らない部分はピンなどで押さえてよけておくことが大切。

年とともに頭皮は固くなり、毛穴が狭まって髪質が低下しがち。頭皮マッサージで血行促進しましょう。指の関節をつかって頭のてっぺんから下へぐりぐりと、頭皮を動かすことを意識しながら。シャンプー時にも、地肌のマッサージを忘れずに。単純に気持ちがいいし、ストレス緩和にも効果的です。

ある」「こうありたい」「セットの時間を短縮したい」など、どんなことでも言ってください。もしかしたら、一言のアドバイスで解消する問題かもしれない。言われるほど、できる限り応えようとやる気がでます。悩みを解決できる美容師でいたいですし、その方のストレスを少しでも減らせたらと思うんです。子どもが生まれてから特に、お客様の人生に寄り添いたいと思うようになりました。

［編集部註］及川さんは2018年末をもって「cotton」を退職されました。別の場所でまたご活躍される予定です。

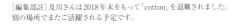

トイレトレーニングを助けた壁デコ作戦

やんわりトイレに誘い続けても「NO！」続きだった長男が、なぜか急に気が向いたようでトイレに通い始めました。「今が決め時だ！」と感じた私は、壁に絵本のキャラクターたちが貼ってある保育園のトイレを思い出し、100円ショップのダイソーで壁に貼れるシール（息子が食いつきそうな乗り物系）を買ってきて貼ってみました。殺風景なトイレを、少しでも楽しい雰囲気にできたらと思っての工夫です。

さらに、トイレでの滞在時間を引き延ばすため、息子本人が0〜2歳までの写真をプリントし、フレームに入れたり切り抜いてシールと合わせたりして壁に貼ってみました。親のスマホ内の写真を見返すのが好きな息子の興味を引くかも？　と思ったのがきっかけです。私自身もトイレに入るたび、今より丸っこい1歳時代のシルエットや、0歳時代の表情が今でも同じであることに目を細め、成長を喜ぶ機会になっています。

この壁デコ作戦、結果的に息子のトイレトレーニングに大きく貢献してくれたと感じています。便座に座ると必ずデコられた右側の壁に注目。付き添う親とのコミュニケーションツールにもなって、「トイレ＝楽しい空間」という認識に一役買ってくれたようです。その後、無事にトイレで排泄する習慣が身に付きました。

いい加減、初代壁デコも見飽きてきたので、新しいシールに変えて写真も更新しなければと思い続けていますが、初めほどの情熱が薄れてしまった私のTODOリストには、「トイレの壁デコ模様替え」がいつまでも消されぬまま、になってしまいそうです。

6 モノ

選択肢が多すぎて苦労の多いモノ選び。
そこで、「これぞ」のモノに出会うまで、
宝探し感覚で楽しむことにしています。
選ぶ道のりに情熱を注げたなら、
得たモノにはより一層
「大切に使おう」「暮らしに活かそう」と愛着が生まれます。
それにしても子どものモノとなると、
更新頻度が激しくてより大変。
入れるだけでなく出すことも考慮する必要があり、
出番を終えたモノはどんどん次の使い手へ循環させるのが
一番だと感じています。

45

一度着てよかったシリーズは迷わずリピート

すぐにサイズアウトして買い足しの必要が出る子ども服。毎回〝失敗買い〟を避けて選ぶのは大変です。そこで、一度買って「これはいい」と思った服はサイズを更新してリピート。自然と、子どものワードローブが定番化してきています。同じ「90」でもメーカーによってサイズが違うので、同じラインでサイズアップすれば間違いないのもいいところ。定番は無印良品のカットソー、アカチャンホンポの靴下、モンベルのベストなど。1シーズンに1、2枚は、デパートやセレクトショップで一張羅を買って楽しんでいます。

肌着は、新生児の時から「白」オンリー。汚れがわかりやすいので清潔を保てるし、パッと見て「これは肌着」とわかりやすく、夫や祖母とも共有しやすいです。

毎秋冬大活躍のモンベルのベスト。無印良品の腹巻付きパジャマも定番。靴は脱ぎ履きしやすいニューバランス一択です。汚れたら夜に洗って洗濯機で脱水すれば、翌朝には乾くので、各サイズ1足のみ。アカチャンホンポの靴下は可愛くて手頃。

46 子どものアウターはアウトドアブランド

子どものアウターはアウトドアブランドのものにしています。保温性や撥水性に優れ、動きやすいという高機能で、自転車に乗せるのも公園遊びで着せるのも安心。長男が今着ているのはノースフェイスのジャケットで、裏地はボアフリース。袖口はベルトでしっかりフィットさせられるので温かそう。

また、冬場は毎日着るものだから、親も脱ぎ着させていて嬉しくなるようなデザインを選ぶようにしています。青のチェックが可愛らしいパタゴニアのジャンパーは、長男が2シーズン着てサイズアウト。弟へ引き継ぎます。値の張る物なので少し大きめを買って2シーズン着用。「今日はジャンパーを見に行くぞ！」とアウター探し自体がイベントとなっていて、1年おきの冬のお楽しみです。

47

これは便利！　タグに貼れるお名前シール

保育園では、すべての服や持ち物に名前を書くのがルールです。着替える回数が多くタオル類も豊富で、名前書きには労力がいります。そのうえ私は手書き文字をモノに書くのがあまり好きではなく、できれば印字したい。

そんな時、保育園のお母さんから「名前シールが便利よ～」と教えてもらいました。アイロンで接着するのではなくシールを貼るだけなので、慌ただしい朝に「新調した服に名前がない！」と気づいても一瞬でペタリ。すぐに出せるように、リビングクローゼットの壁面からワンアクションで取れるよう収納しています。教えてくれたお母さんは、手帳に挟んで持ち歩いているそう。

ペンでは書きにくいスニーカーの記名にも便利です。

48

ワンオペ風呂の強い味方、バスローブ

1人で2歳と0歳をお風呂に入れるのはなかなか大変です。入浴後子どもを受け渡せる夫がいる時はまだしも、上がった後も1人でお世話となると！ みんなが一体どうやっているのか、次男妊娠中には不安で聞きまわったものでした。

今強い味方となっているのは、バスローブ。お風呂を上がる時はまず長男を洗い場で拭いてから、バスローブを着せてリビングへ放ち、すぐにお風呂のドアをしめて暖気を逃がさず自分もバスローブをはおって防備。あとは次男を拭いて湯上りポンチョでくるんでお世話し、最後に自分の身支度を整えて完了です。バスローブは洗面所の壁面にフックで吊るし収納しています。そのままにしておけば乾くし、お風呂からサッと手を伸ばせば届く位置。

母は、fog linen workのバスローブ。リネンなので乾きやすく、かさばらず。子は、MADE IN EARTH。出産祝いでいただきました。

49
子どもが生まれて変わった食器選び

陶器の佇《たたず》まいが好きなのですが、育児に追われて急《せ》いた心で扱うせいか、落として割ってしまうことが多々ありました。磁器なら丈夫ということで使ってみると、やはり割れにくく安心。〝子ども用食器〟はとくに持っていないので、子どもが扱うにしても今の暮らしには陶器より磁器が向いているようです。

最近、柏木千繪さんの白磁に出会って、その使い心地のよさに感動しました。例えば、マグの持ち手が指に優しいとか、お皿のふちの立ち上がりやサイズ感が絶妙とか。安い買い物ではありませんが、「これさえあれば」の品は長い目で見れば節約になると感じ、少しずつ増やしています。また割れにくさでは、木の器も素晴らしい。無印良品の深皿やボウルは、朝食やおやつの時に活躍しています。

無印良品の木製食器、アカシアシリーズ。木目がきれいで、とにかく丈夫。
アカシアボール 約直径8×高さ4.5㎝
アカシア深皿 約直径16×高さ3.5㎝

以前から持っていた陶器の中で、とくに活躍しているのが小鉢類。後藤義国さんの楕円の器はヨーグルトにぴったり。右ページの子ども丼は、1歳の誕生祝で訪れた沖縄で、初めて子どもの器として買ったもの。

柏木千繪さんの丈夫な白磁器。女性作家さんの作品には、「生活」を考えられた器が多い気がします。シンプルな佇まいながら、使い心地のよさが計算し尽くされている。汎用性が高く、何を入れても美味しそうに見せてくれます。地元のショップ「takase」で出会いました。

50

大きい買い物こそプロに相談する

息子の保育園の送り迎え用に電動機付自転車を買うことにしました。都内のある自転車専門店で物色していると、店員さんが選ぶポイントを細かく教えてくれました。その知識と人柄に惚れてさっそく購入しようとしたら、「自転車はメンテナンスのことがあるので地元で買ってください」とのこと。なんと親切な方なのでしょう。後日、彼のアドバイス通り地元の自転車屋さんで購入しました。フレームが低いのでまたぎやすく、バスケットも大きいので買い物にも便利で快適です。数年前に布団を買ったときも、布団屋さんの「眠りの大切さ」「寝具の重要さ」といった熱弁のおかげでいい睡眠環境を整えることができました。大きい買い物こそ、その道のプロに相談するのが賢明だと感じます。

地元の自転車屋さんで試乗のうえ、ブリヂストンのbikke（MOB）に決定。渋めの色味が好みです。これさえあればスイスイどこまでも。

布団屋さんに相談

引っ越しの時に新調した布団。埼玉県戸田市の「遊眠館ITO」で、快眠への熱いハートを持った店主ご夫妻からレクチャーを受け、整圧敷布団を選びました。脱脂綿からできた肌触りの良い「パシーマ」もこちらで勧められ、今では家族全員で愛用しています。夏涼しく冬暖か。

子どもの椅子を扱っている代理店に相談

豊橋木工のアップライト。ネットで見かけた時、デザインにひかれたことがきっかけで、実物を見に行きました。「座ると自然と背筋が伸びるんですよ」とこの椅子の特徴をレクチャーしてもらい、実際に子どもを座らせるとその通りで感動。(→P.48)

51

「これに助けられました！」おすすめ育児アイテム

モノは必要最低限、少数精鋭で回したい！ それは育児グッズも同様です。時に失敗もあるけれど、私にとってこれは本当に助かったという育児アイテムをご紹介します。

抱っこ紐

家で気軽に使える抱っこ紐がほしくて購入。次男は首が座るまでいつもここに。包まれる感覚が安心するのか、よく寝てくれました。(ベビーケターン)

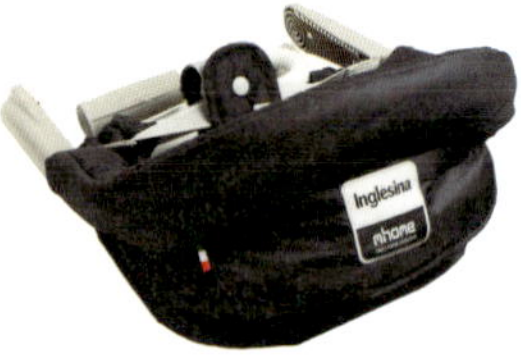

ベビーチェア

アップライトが来るまで食事用椅子として活躍。テーブルに付けるタイプなので下を掃除しやすく、外食や旅行に持ち歩けます。(イングリッシーナ)

ランドリーバスケット

ランドリーバスケットですが、新生児の沐浴にも幼児のプールにも活躍。グリーンカラーの一代目に次ぎ、二代目。(イケア)

水陸両用の短パン

速乾性に優れたベビー・バギーズ・ショーツ。普段着にも水着としても使えて、夏のおでかけに便利。夫もこれの大人版を愛用。(パタゴニア)

サンダル

以前履いていた布地のサンダルは臭った！ ママ友から勧められたのがモンベルのこちら。臭くならないし、履き口も固定できて安心。(mont-bell)

電動鼻水吸引器

強力すぎず、けれど十分に吸い取れる。水洗いも簡単で、「もっと早く買えばよかった」と思った素晴らしいお品。(ベビースマイル)

ストローマグ

持ち歩いていて漏れたことがないし、温度をキープしてくれるのもいい。私の外出時にも、飲み口を替えて借りることがあります。(サーモス)

日よけ帽子

子ども用帽子の種類が豊富で選ぶのが楽しいモンベル。帽子嫌いだった長男も気に入って、嫌がらずかぶってくれました。紐は別売り。(mont-bell)

シリコンゴム製のフタ

かぶせるだけで家のコップがストローマグになる便利なアイテム、ビタットマグ。(テクセルジャパン)

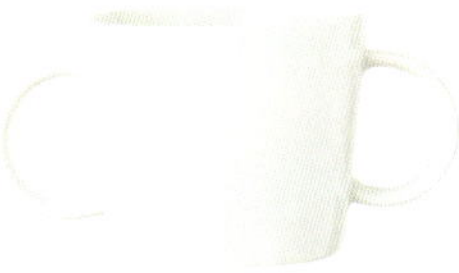

両手マグ

ほかで見つけることは難しい真っ白な両手付きマグ。両手でしっかりつかめるので、長男は飲みやすそうです。見ている大人も安心。(無印良品)

ふたつきコップ

ガラス製のドリンキングジャー、kaobin。子ども向けの小ぶりなサイズがちょうどよく、牛乳やスムージーを飲むのに毎日大活躍！（大川硝子工業所）

ソフトスタイ

装着しやすく、食べこぼしをしっかりキャッチ。洗いやすく、すぐ乾き、パーフェクトな食事エプロンです。(ベビービョルン)

おむつが臭わない袋

2歳も過ぎるとうんち臭も強烈。BOSの袋は驚きの防臭力です。密閉ゴミ箱の導入も検討しましたが、この袋なら普通に捨てられる。(クリロン化成)

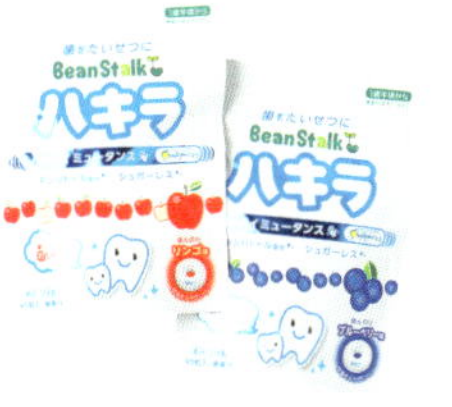

オーラルケアタブレット

「歯磨きをすればハキラが食べられる」としたところ、歯磨きを極度に嫌がることはなくなりました。虫歯予防に。(ビーンスターク)

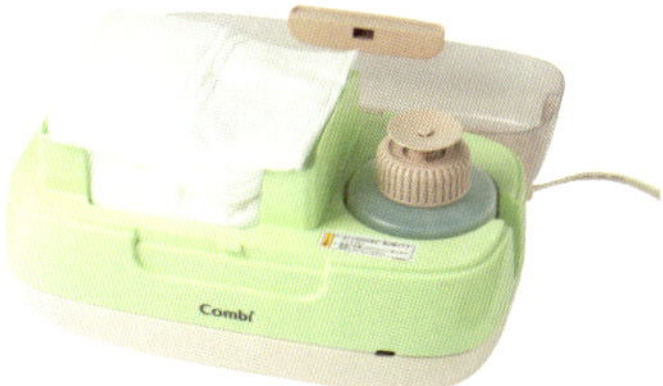

お湯でコットンおしりふき

コットンを好みの具合に濡らしておしり拭きにできます。市販のおしり拭きより優しくスッキリ拭けて重宝。顔を拭く時にも活躍です。(コンビ)

みんなのアンケート

Q 買ってよかったおもちゃナンバーワンは？

LEGO デュプロ。大きいブロックなので、積み重ねると高いものができ、2歳頃は崩す遊びをしていた。3歳になると、おままごとの具材になったり、組み立てて見立て遊び（カメラや船や電話など）になるので、制限がなく活用できます。（M・Tさん）

LEGOデュプロのAROUND THE WORLDシリーズ。ブロック以外にも、たくさんの動物や人型のフィギュアなどが充実しており、頻繁に遊びます。月齢に応じて組み立ての幅が広がり、オリジナルでタワーを建てたり動物園を造ったりと、遊びに成長が感じられるので買ってよかったです。（F・Kさん）

エド・インターの「たっちあんどげす」という16枚の型はめがキューブ形のボックスに入ったおもちゃ。2歳の誕生日に祖父母からいただき、かれこれ1年半近く遊んでいます。また、キッチンセットを買った時に一緒に買った食材セット（野菜、果物中心）もお店屋さんになりきって本当によく遊んでいます。（K・Yさん）

クネクネバーン大サイズ（トレインカースロープ）…木製のレールの坂道を付属の車が滑り降りてゆくおもちゃ。付属の車を擬人化して追いかけっこのストーリーを作って遊んだり、ぬいぐるみやビー玉を滑らせてみたり、本来の使い方から飛躍して楽しんでいる。見た目もシンプルで可愛い、車がカタンカタンと走る音も心地よく、大人も楽しい。（C・Tさん）

最近は体が大きくなったので遊ばなくなりましたが、小さめのジムスライダーです。公園の遊具でまだ遊べない時から使いましたが、全身を使って遊ぶので雨の日など外出できない時にも重宝しましたし、身体の動かし方を本人なりに考えたり、成長するにつれ、高い所に登れるようになったのも嬉しかったようです。（M・Kさん）

イケアのビルディングビーカー。重ねて積み上げたり、入れ子にもなる大小のカラフルなカップ。それぞれカップの底などに違う穴が空いていたりするので、お風呂で大活躍。じょうろのように使ったり、水を入れ替えたり、股間を隠してみたり笑。今ではジュース屋さんとして、ごっこ遊びをしています。乳児から長く遊べていてコスパ良し。（E・Kさん）

アニアの動物、恐竜フィギュア。動物好きな息子がごっこ遊びにいつも使っています。体のどこか一部分が動くので面白い。お風呂も一緒に入ったりします。1つ1つが小さくて価格も手ごろなので、ちょいちょい買い足しても収納やお財布を圧迫しないのもいいところ。（本多）

Q 2歳以降で活躍している育児グッズは？

加湿器（アロマ加湿もできるタイプのもの。秋口～春先まで就寝時毎日使います。使い始めてから乾燥による咳がほぼなくなりました）。空気清浄器（ハウスダスト対策で。アレルギー性鼻炎の症状が緩和され、耳鼻科に行く回数が激減しました）。ジョイントマット代わりのラグ（まだ走り回るので、厚いウレタン素材で衝撃をある程度吸収してくれる）。（K・Yさん）

トラベルベスト（日本育児のチャイルドシート）：カーシェアで大活躍。コンパクトで使いやすいです。ポキット（ベビーカー）：コンパクトなので、自転車の前かごにものり、近場のお出かけでも大活躍！車、新幹線や飛行機など遠出の時も躊躇なく持って行けます。（S・Nさん）

子どもがたくさん歩けるようになったのを機に、お財布をチェーン付きのポシェット型（首からさげるタイプ）に変えたのですが、本当に重宝しています。かばんからお財布を探す手間がなく、リュックの時もいちいち降ろさなくてOK。また、公園などでかばんを置いたままにする時も安心です。周りのママ友に熱く語って勧めています。（F・Kさん）

育児グッズと言っていいのかわかりませんが、アンパンマングッズです。増やしたくない私たちの気持ちとは裏腹に、我が家はアンパンマングッズであふれています。アンパンマンの下着、靴下は進んで着用してくれるので、忙しい保育園へ行く朝、とても助かっています。（A・Kさん）

MIFFY FIRST LIGHT：明るさを調節でき、夜ずっとつけていてほどよい明るさ。本体が熱くならず、充電式でコードレスなので、子どもが抱っこしながら布団に入って寝る支度をしている。無印良品の重なるラタンバスケット：おもちゃ入れとして活用。その日に使うおもちゃはリビングに運び、他は重ねて保管できるので狭い空間で助かっています。（M・Tさん）

育児グッズではありませんが、お風呂用のおもちゃ。イヤイヤ期でお風呂に誘うのに一苦労なので、キャラクターのバスボムや、水で落ちるクレヨンなど、お風呂が楽しくなるようなグッズには助けられています。（C・Tさん）

山元かえさんのあいうえお表→まだ字は読めないですが、可愛いイラストなので子どもの興味を引きます。木の踏み台→最近一緒にキッチンに立ちたがるのでその時に、またトイレの踏み台としても大活躍。（M・Kさん）

トイレの踏み台。迷って木製のどっしり重たい踏み台に。1人でトイレできるようになってもズレたり倒れたりすることがなくて安心。（E・Kさん）

リッチェルの補助便座。Uの字型なので、座らせたままおしりが拭きやすい。大きめなので、がっしり体形の息子にちょうどいい。（本多）

365日ほぼパンツ&ダンスコ

元々圧倒的なパンツ派でしたが、子育てが始まってからはその頻度がますますアップ。1年に数回ワンピースに袖を通す日があるくらいで、365日ほぼパンツ生活になりました。数枚持っていたスカートは次々手放し、ついに紺のベーシックな1着を残すのみになりました（結局この1年は1度もはきませんでしたが）。

パンツと並んで、ほぼ毎日履いているのが「ダンスコ」の靴。「ダンスコ」とはアメリカ発のコンフォートシューズのブランドです。6年ほど前に初めの1足を購入して履いてみて以来、気づくとそればかり履くので、他の靴の出番が少なくなっていき、今ではダンスコ2足をローテーションして毎日履いています。

パンツとダンスコ。これが0歳、2歳男児母となった私の現在の制服のようなスタイルですが、なぜこの組み合わせなのか？　その理由はいたってシンプル。——とにかくラクちんで快適だから！

パンツは何といっても動きやすいし、自由に動き回る子どもたちを必死で捕らえて少々アクロバティックな格好になっても下着が見える心配もありません。

パンツの中でも私が選びがちなのは裾が拡がったワイドパンツです。気になる腰回りや太もものラインをカバーしてくれるし、特に冬の寒い時期は下に厚めのレギンスを重ねることもできるので重宝します（夏は風が通りやすく涼しい）。ユニクロの「EZYジーンズ」もお気に入り。タイトなシルエットながら、まるでジャージのような柔らかさで動きやすく、レギンス感覚ではいています。

そして長時間歩いても疲れにくく、脱ぎ履きが簡単なダンスコの靴も、子育てライフの強い味方で、知り合いのママたちも履いている人が多いです。形も色もシンプルなものが多く、服装はごくカジュアルな私のワードローブには合わせやすく、その点でもラクなのです。

パンツとダンスコ、この最強タッグにこの先もしばらくお世話になりそうな予感です。

7　助

たくさんの人の手に助けてもらえる育児は幸せです。
自分を助ける工夫を凝らすのも大切だし、
周りの人やシステムに助けてもらう方法も。
親子の平和な暮らしを支えてくれる
さまざまな助けを享受したいと、
アンテナを張って能動的に、を心がけています。

52

オペレーションの最適化

次男が生まれて保育園児が2人となり、洗濯物も食べる量も増加の一途。家事負担は当然、大きくなりました。そのうえに、子どもが増えた分育児にかかる時間も増加。限られた1日の時間の中で切り盛りするには、家事を流れるようにこなしていけるオペレーションづくりが必要だと考えました。

それは、スターバックスの店員さんが流れるようにドリンクを作っていくイメージ。「えーと、これどうしよう」と手を止めることがなく、「次は何をしよう」と頭を使う必要もなく、スムーズに家事の手を動かしていけるオペレーションです。その構築には、日常のちょっとした不便を感じた時に、見直す時間をしっかりとって、問題を解決しようとすることが大切だと思います。

パジャマと肌着のロールケーキ収納

洗濯物を取り込んだら、子どものパジャマと肌着を重ねてくるっと巻いて「お風呂あがりセット」に。そのまま収納しておけば、お風呂の準備が手早く済みます。準備に不慣れな夫や祖母でも大丈夫。また、余裕があれば昼間のうちにこれを窓辺にセット。より、お風呂のタスクをスムーズにこなすためのオペレーションです。

苦手な家事こそ複雑にしない

「食」の章でさんざん述べましたが、料理は苦手。下準備もどんどんシンプル化して、汎用性が高く必ず使える「素材をゆでただけ」「切っただけ」みたいなものばかりに。

洗濯物はためない

よだれや食べこぼしのついた洗濯物は早めに洗いたい。かつ、少ない量なら1回の洗濯にかかる時間は短く済む。ということで、合間合間でちょこちょこ洗濯する方が、今の生活はうまく回るようです。

53

「お父さん3年生」夫の成長記録

忘れもしない2017年春、結婚以来2度目の「夫、もっと家事やってよ爆発」が起こりました。話し合いの末、寝る前の家事を分担してもらうことに。新人バイトに教える要領でレクチャーしたところ、夫の家事参加率は急上昇！　洗濯干しとたたみ、食器洗い、脱衣所掃除などを率先してやってもらえるように。以前は持っていくだけだったゴミ捨ても、曜日の把握から全て担当してくれて心身ともに大助かり。とはいえ、「うわあ助かる！」と幸せに思うのと、「今やってよ」とイライラするのと、波は交互に。これまで怒りは100％ぶつけていましたが、今後は感謝の気持ちも念頭に、怒りにはユーモアを交えたい。「出たー！」という叫びを録音しておき、責めたい時に再生するってどうでしょうね。

54

万歳、子育て情報番組と育児マンガ

Ｅテレの育児番組「すくすく子育て」が毎週のお楽しみです。録画しておいて、寝かしつけのあとにお菓子を食べながら観るのが至福。育児中の不安や疑問を取り上げてくれるのですが、ほとんどの題材がわが身にドンピシャ。専門家によるレクチャーはもちろん、ほかのご家庭の様子が映るのも興味深い。勉強にもなり、勇気づけられもします。

こんな番組をはじめ、育児のエッセイマンガを読むのも大好き。ほしいのは、「こうやって育てるべし」という情報ではなく、育児をしている人の生《なま》の声なんですよね。みんなここで悩むんだ、同じだなとホッとしたり、こう捉えるんだとおもしろく思ったり。まるでママ友と話すかのように、楽しく情報をもらったり励まされたりしています。

55

感謝しかない子育てサロン

通うところのないお母さんは孤立しがち。地域に子育てサロンの存在は知りながら、人見知りの私はなかなか訪れる勇気をもてませんでした。それでも「大人としゃべりたい！」とついに足を踏み入れたのは、長男が7カ月の頃。行ってみれば保育士さんが何でも相談に乗ってくれて、出会うお母さんとおしゃべりできて、「こんないい所に何でもっと早くこなかったんだろう！」と大後悔。狭い空間だったがゆえに、多少モジモジしていても、自然と会話に参加できたのです。病院や美味しいお店の情報交換ができるのは、同じ地域で子育てするお母さん同士ならでは。

そして何より、近所を歩けば一言二言あいさつを交わす相手がたくさんできた。そのことが、涙が出るほど心強かったのでした。

56

大人からの声がけに救われる

ワンオペ育児の時間が長く続くと、ストレスが溜まることもあります。私の場合は、自信がない、つらいというマイナスの感情に囚《とら》われがちに。そんな時に救いとなるのが、保育園の先生、ママ友、祖父母など、子どもに関わってくれる大人からの「かわいいね」「大きくなったね」という何気ない一言です。自分と同じ目線から、同じように子どもに目を掛けてくれる、その存在のありがたさ。

以前近所でお買い物中に、八百屋のおばちゃんから「かわいいね〜」と声を掛けていただきました。外では子どもが泣いたりわめいたりしないか、母親は気を張っているもの。そんな中、その一言だけで「私は味方だよ」と言ってもらえているようで、本当に救われるのです。

57

育児のリスクヘッジ～ヘルプリストをつくろう

普段は保育園に通う子どもが病気の時、夫婦のどちらが看病を担《にな》うのかでもめる話はよく聞かれます。私たちもこの件で一度大きく衝突し、今後の方針を決めました。夫はなかなか仕事を休みづらいため、基本的に看病担当は私。なので人と会う仕事の日は、セーフティネットとして義理の母がパートのない日にさせてもらい、もしもの時は子どもをお願いできるようにしています。もし近くに家族がいなければ、ファミリーサポートや病児保育に登録など、何かしらを整えていただろうと思います。休日に丸1日のワンオペが決定した時には、同じくらいの年の子がいる友だちに「今日こない？」と連絡したり、親や姉を頼ったり。なんとか子どもと1対1の状態が長く続くのを回避するようにしています。

私のヘルプリスト

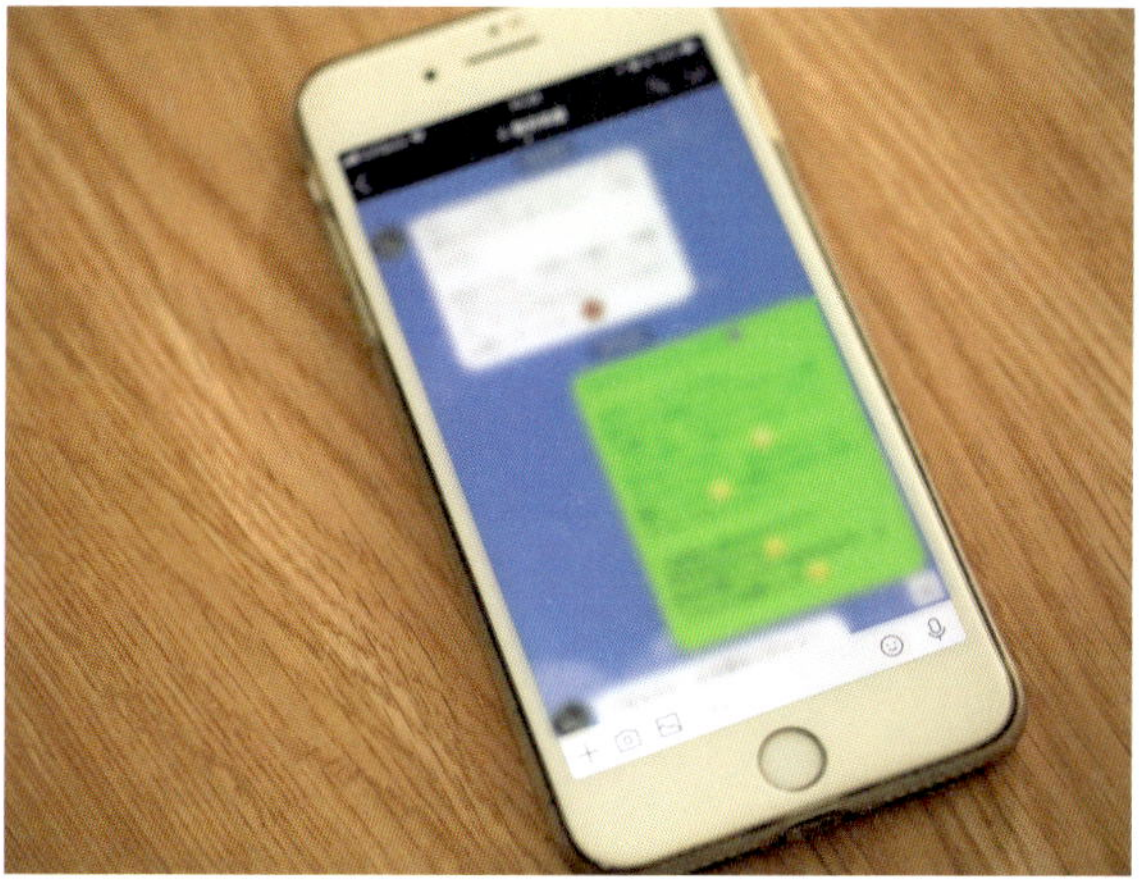

育児をしながら仕事をするために、頼れる人は総動員。本当はもっと夫に頼りたいけれど、社会が変わらないと無理そうです。第1のヘルプ先である義理の母は、ラインでパートのシフトを送ってくれます。そしてついに義理の姉までリストに入ってくれました。本当にありがたく、自分の子どもや親戚が育児に追われる日が来たならば、きっと活躍したいと心に誓うのでした。

Q 日々のストレス発散、リフレッシュ法は？

コーヒーを淹れる。1人で運転中に大声を出す。お風呂に1人でゆっくり入る。早く寝てしまって家事放棄（夫に家事をやってもらう）。（A・Kさん）

美味しいものを食べに行く。母子手帳に育児イラストを描く。（E・Kさん）

マッサージ。フェイススチーム。友達と話す。ショッピング。（S・Nさん）

読書。子育てをしている友人と近況を報告し合う。降園時、ママ友と雑談。テレビの『アド街ック天国』を見て遠出した気分になる。スキマ時間のお茶。（K・Yさん）

身の回りの整理整頓。園芸（特に水耕栽培は小さな子どもがいても気軽にできる）。子どもと一緒に公園で楽しむ。（M・Tさん）

子どもが寝入ってからのデザート時間。昼寝中のネット、借りてきた本、雑誌を見る。家族での遠出。（M・Kさん）

育児と仕事に追われて、息子とともに寝落ちしてしまう毎日です。その結果、睡眠時間が充実し、それがストレス発散になっていると感じます。ただそれでも全く解消されない事もあるので、一定のストレス状態で生活している気がします…。後は夫にグチるくらいです。（F・Kさん）

月一の親しい友人とのランチと街歩き。ごくたまに1人カラオケ。また、職場へ行くことが案外良いリフレッシュになっているように感じる。オンオフのスイッチが切り替わることで1日をきびきび過ごせる。（C・Tさん）

子どもが寝た後のワイン、ヨガスタジオでのヨガ、友達と飲みに行く、半年に1度くらいのスーパー銭湯。休日に子どもと遊ぶのも、1日じゅうだときつい時もありますがリフレッシュになっています。（M・Sさん）

子どもを寝かしつけたあと起きていられたら、ビールを飲みながら録画したお笑い番組や朝ドラを見る。たまに一人で外ランチする（スマホ見たり雑誌読んだりしながら）。最近出産前まで通っていた週1の加圧ジムを3年ぶりに再開し、健康維持とリフレッシュに大きな効果を感じています。（本多）

Q お母さんになって自分の服装やヘアメイクに変化は？

スカート党だったが、パンツ＋ワンピースがスタンダードに。また、仕事へはワンピースの着用頻度が激増した（時間の無い朝に、ただ着ればそれなりに見えるのがラク）。髪は産後美容院に行けずに伸びて、人生最長のロングヘア。乾かす手間はあるが、髪質的には短いよりセットが楽＆美容院の頻度を減らせて良い。（C・Tさん）

ルミネなどで服を買う、ということが非常に難しくなったので、着慣れていてサイズ感のわかるショップのものをZOZOなどで買うことが多くなりました。すぐ汚れるので楽天系のリーズナブルで気兼ねなく着られるようなショップもよく利用します。化粧品類は、子どもに顔をさわられることもしょっちゅうなので、ノンケミカル処方のものを。（K・Yさん）

出産前からカジュアル志向のため、ファッションは変わっていません。髪型は、写真に残る機会が増えたので、年齢的にも無難なスタイルを選ぶようになりました。（F・Kさん）

もともとカジュアルでしたが、汚れてもいい、または目立たない服選びに。あとは、乾燥機にかけてもいい服が増えました。髪は全く伸ばす気になりません（笑）。（E・Kさん）

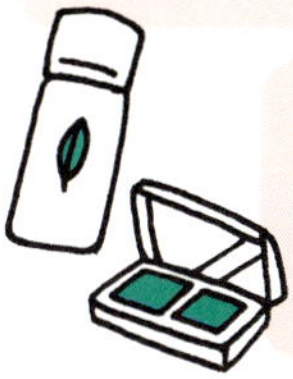

服装→ワンピースが好きでしたが、今は外遊びの時は汚れてもいいカジュアルな服装に。靴は脱ぎ履きも楽なスニーカーやサボ。髪型→出産前からロングで出産後もしばらくそのままでしたが、一旦短くしてからはもうのばす気になりません。メイク→触れられても安全なもの、石鹸オフできるものを。日焼け止め＋アイブロウ＋チーク。（M・Kさん）

基本はスニーカー、ちょっとがんばってペタンコパンプス。汚されてもいいように、いつでも洗濯可能な素材の服。価格も安めに。時短のため美容院ではカットのみ。カラーは自分でやります。かなり前から長女に女子力抜かれています…。（S・Nさん）

出産前は100％スカートをはいていたのですが、パンツもたまにはくようになりました。服選びの際、家で洗濯できるか、すぐ乾くか、汚れが落ちやすいかをチェックするようになりました。（M・Sさん）

服：素材と生産国をチェックするようになった。コットン100％が多い。洗ってもくたびれないセントジェームスを夫婦で着用。メイク：子どもの皮膚に触れても安心そうなものを選ぶようになった。髪：ドライヤーで少しでも早く乾くように髪はあまり伸ばさない。手入れのしやすい髪型をオーダーしている。（M・Tさん）

子どもの肌に痛くない綿100％の服、洗える服重視で服を買うようになりました。（A・Kさん）

とにかく興味が薄れました。服は動きやすい、着回しやすいなど「○○やすい」ばかりに目がいきます。髪型もスタイリングの楽さか乾かしやすさを優先して、１つに結わえるセミロング、すぐ乾くショートを行ったり来たり。メイクは妊娠時にまぶたが敏感になり荒れてしまったことをきっかけに、アイメイクをやめました。最近マスカラを再開しようかと検討中。（本多）

フリーランス保育園児ママの本音

長男が1歳3ヵ月のとき、本格的に仕事復帰しました。最初は一時保育で何とか仕事時間を確保し、その後認可外の保育園に3ヵ月限定で入園。その間に次男（1月生まれ）が誕生し、4月に兄弟揃って0歳、2歳児クラスで同じ認可保育園に入園できました。長男の育休明け以降、ずっと綱渡り状態でその都度いろいろなことを調整しながら仕事してきたので、日中は毎日保育園で先生たちが子どもたちを預かってくれるのは、とてもありがたいことでした。

朝8時半頃保育園に送り届け、17時すぎに迎えに行くまでの時間が子どもから切り離され、自由に使える私の仕事時間。基本は在宅勤務で通勤もないため、「絶対に○時までには送り届けなきゃ定時に間に合わない」という緊張感や「交通の影響でお迎え時間が遅くなってしまう」などのアクシデントが少ないことは、フリーランスのメリットに感じています。

ただ、この事実は違う角度から見ると、勤め人である夫とのいさかいの元にもなり得るのです。それはつまりこういうこと。「母はフリーランス」＝「時間の調整がしやすいから送り迎えは100％担当」「在宅だから熱が出たとき看病するのは当然」という夫婦間での認識から、気づけば子どもの保育園関係のことは基本的に私が担当という構図が出来上がっていたのです。

あれは兄弟共に体調不良が続き、保育園を休みがちだったとき。1週目はなんとか乗り切れましたが、来週は私がどうしてもキャンセルできないアポが複数入っていて、このままではピンチ！　という時でした。病児たちの面倒をどうするか夫と話し合っていたときのこと、どこか人ごと感を漂わせる彼に、私がキレて号泣。

けれどもこれをきっかけに、今後同じような危機が生まれないように、夫婦どうしで仕事のスケジュールを前もって共有し、私の仕事のアポは、もし当日子どもが保育園に行けなくなっても他の家族に見てもらえる確約のある日に入れるなど、あとで慌てないような予防線を張るようになりました。

自分の働き方を自由に調整しやすいのがフリーランスの良い点ですが、ソロで活動する人はとくに、仕事のピンチヒッターを頼みづらいという側面もあります。逆に子育ては母だけの仕事ではないのだから、家族や周りの大人に頼ること、頼れる関係を築いておくことを大事にしたいと思っています。

8 心

子どもが生まれて、育児に追われる日々のはじまり。
「忙しいから家事は適当でいいや」と思えればよいのですが、
私はそこをあきらめられない性格で、
板ばさみになることが多々あります。
正直、こりゃ育児に向いた性格ではないなと自己分析。
うまいことやっていくしかない、
楽しいこともなけりゃやっていけない、の
二本立てで心を保ち、毎日を送っています。

58

「育児がしんどい」を受け入れる

子どもが生まれたとたん、多くを子どもに費す24時間365日がはじまります。そのままならなさは、仕事ですら自分の裁量でできる分「自由」と感じるほど。子どもがかわいいから、なんとかやっていける日々です。

最初は、つらいという感情に抗《あらが》っていました。そんなことを思ってはいけないと、きっといつかは慣れるんだからと。しかし2児の母となり、慣れるどころかますますしんどい。もう、その気持ちに抗うことはやめました。

まずは人と比べない。「あの人は育児が楽しそうに見える」なんて、意味のないこと。そして「みんなもつらいんだから」なんて関係ない。「私はつらい!」でいい。今が耐え時だから、つらいけどがんばっていこう。自分くらいは自分の気持ちを認めようと思いました。

59

リフレッシュの方法をいくつか持っておく

最近ようやく、美容院に希望する頻度で行けるようになりました。これまでは、半年に1度がいい方だったでしょうか。「カミガタ？ってなに？」という世界です。髪の毛をきれいに整えてもらうと、気持ちの潤いが違いますね。子どもが小さいうちは美容院に行くのも大変ですが、日々に追われて見た目も気持ちもパサつきがちなこの時期こそ、美容院の効能がより高そうな気がします。

また最近のリフレッシュの方法は、夕飯をつくりながらの缶ビール、近所の洋菓子屋のタルト、月一定例の友人との会合。最近また加圧トレーニングにも週に一度通い始めました。気持ちが潤うと、子どもへの接し方にも余裕が出ます。お母さんにとってリフレッシュは正義！　家庭の平和に大貢献です。

60 二人目どうしよう問題

一人目育児中の友人が周りに多く、「どうして二人目を考えたの？」と聞かれることがあります。ひとりっ子の私としては、それで嫌だったことはないですが、兄弟の存在には興味がありました。わが家で二人の子を産んだのは、三人兄弟で育った夫との間をとって、です。こういうことは状況や将来設計によって千差万別。正解などないですね。

長男を妊娠するのに5年かかったので、二子目もいつになるかと思っていました。けれど予想外に、長男が1歳4カ月の時に妊娠。当時は、またあの赤ちゃんのいる生活に戻るのか、しかも今度は上の子もいる中での育児……大丈夫だろうか、と不安ばかり。妊娠後期になってようやく、「お腹の子に早く会いたい！」と思えるようになりました。

61

育児記録ノートが役立つ

長男の妊娠時から記録ノートをつけています。お腹の子と自分にどんな変化があったか、出産はどうだったか、生まれて毎月どんなふうに育っていったか、どこにお出かけしたかなど。1歳を過ぎると毎月ではなく、気の向いた時に書き込むようになりました。「今のセリフ可愛いな」など何気ない言葉や動作を、忘れないうちに書き込みます。そのほか、1枚だけの現像写真、保育園のお便りに載った写真などをコラージュし、あとから見た時に楽しめるよう雑誌感覚で編集しています。

長男のノートは次男に役立てるための「情報」という側面が強く、病気の記録など非常に細かく書いています。一方次男のノートは、趣味感覚の思い出重視。2冊とも、書いていても、読み返しても感慨深いノートです。

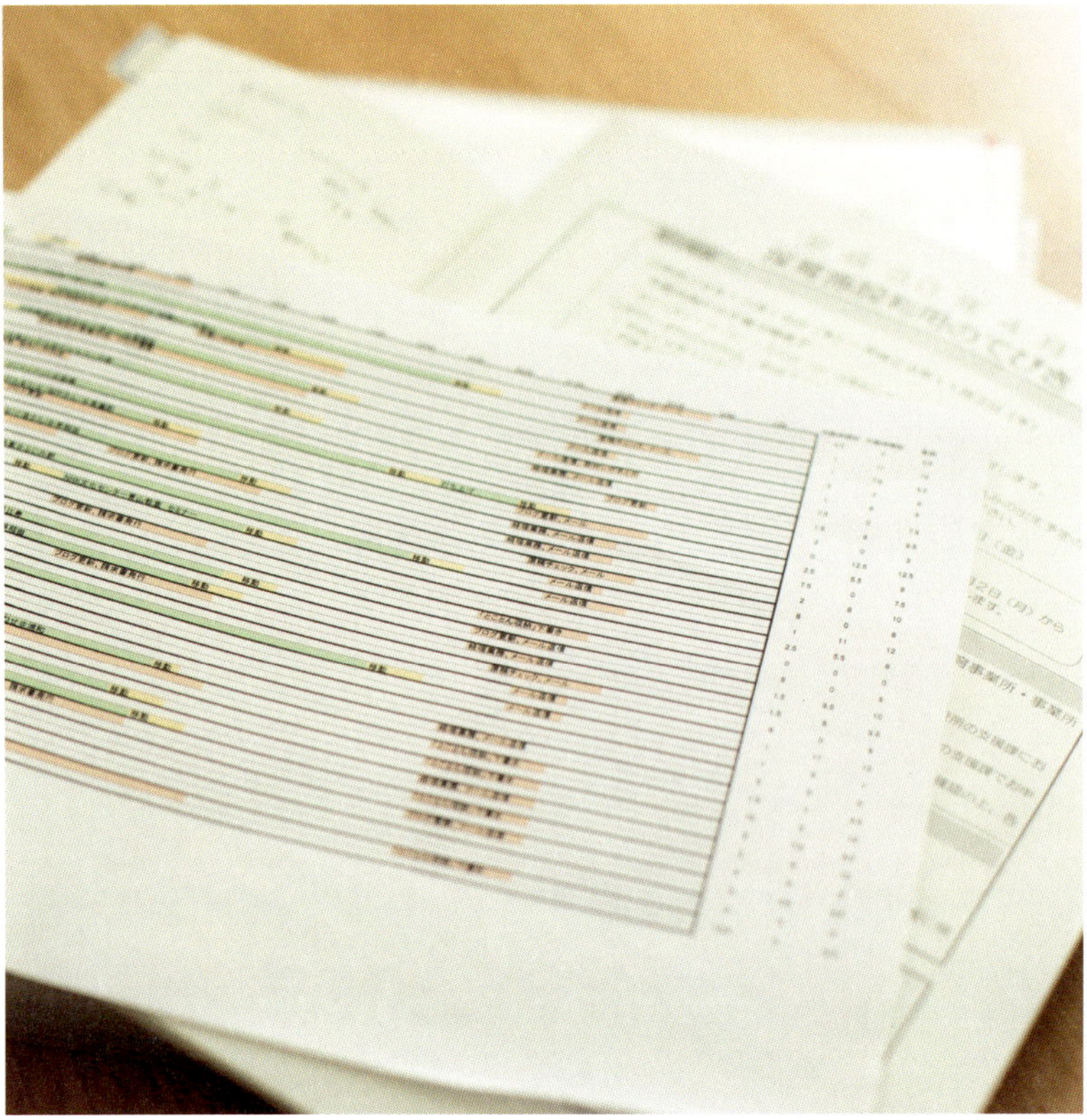

62

私の保活

保育園の激戦区に住んでいます。赤ちゃんを抱えながら書籍の仕事などを少しずつ受けていましたが、完全に仕事復帰をしようと保活開始。ネットで情報を集め、自治体の保育コンシェルジュや支援課に話を聞きに行きました。そうやって保活を始めてみると「うわあ、入れるかな」という不安要素がいっぱい！　さらに、入園に関する情報は年々変わっていて、本当に欲しい情報を自分だけで収集するには限界があると感じました。

そんな中で最も頼もしい情報源だったのが、子育てサロンで会う方々。実はお互いがライバルでありながら、みんな優しく持っている情報を開示してくれる。もちろん、自分も仕入れた情報はシェアし、戦友としての信頼関係を築くことも大切にしていました。

私の保活ストーリー

保活スタート（長男1歳2か月）

認可保育園に年度途中申し込みをするも、入れる見込みほぼなし。

一時保育利用（長男1歳3〜9か月）

子育て支援センター、認可保育園の2か所を利用。事前予約が必要なので、1〜2か月前から週2〜3日予約を入れて、その日に合わせて仕事を調整。

一時保育は行く日、行かない日がまちまちでリズムを保ちにくく、息子には少し申し訳なさを感じていました。自分自身も毎日が綱渡り状態で落ち着かず。それでも、家族以外の大人にお世話してもらったり、集団生活に慣れさせてもらったことはありがたかったです。

認可外保育園に入園（長男1歳9か月〜2歳2か月）

動物好きな長男を連れて役所で保活の相談中、職員の方に「動物のいる認可外園がありますよ」と教えていただき見学に行ったら「ちょうど昨日1歳児クラスに空きが出たんです」という奇跡が。「お願いします！」と即答しました。

とても家庭的で温かい雰囲気の保育園で、担任の先生のことも大好きになった息子を見ていると、2歳もこのままこちらでお世話になるべきかも…という気持ちが芽生え、この先の保活をどうするか揺れていました。ただ自宅から遠いこと、これから生まれる次男の入園が保証されないことが懸案事項でした。

来年度の認可保育園入園を兄弟分申込み（長男1歳9か月、次男妊娠中）

長男は2歳児クラス、1月出産予定の次男は0歳児クラスで兄弟同時の入園申込み。以前役所で相談したときは「入園の可能性を少しでも上げるためには、駅から遠いところや新設の園を希望するのも一つの手」とアドバイスされ、その通りに自宅からも駅からも遠いところばかり20か所書いて提出。けれどその日担当してくれた職員の方が、「もっと自宅近くの保育園も書いておくべき」と一緒に書き直してくれました。

自宅から一番近い認可保育園に兄弟で入園（長男2歳2か月、次男2か月）

「どこかには入れたら」くらいの望みだったため、入園通知書を見てポカンとしてしまったほど。申し込み当日、親切に希望園リストの見直しを提案してくださった職員の方のおかげです。

結論、保活はとにかく情報戦。役所に何度も通ったり、保育園の見学に行ったり、気になることはすぐに動いて生の情報を仕入れることが必勝の鍵だと感じました。

63 子どもが保育園に行った今の課題

子どもが保育園にいる時間はすなわち、保育料が発生している時間。それはリアル〝時は金なり〟状態です。いかに昼間の時間を生産的に使うかを考えるようになりました。

一番の課題は、保育園に送り出した後、気が抜けてしまうこと。管理者のいないフリーランスなので、すべては自分次第です。だらけて時間を無為にしないよう、送ったらそのまま喫茶店へ〝出勤〟して仕事をすることにしました。また常に時計を気にし、「お迎えまで2時間でこれを終わらせよう」と時間活用をイメージしています。

育児と仕事の比重については、その時々の状況で。できる仕事に限界はありますが、これまで築いてきた信頼関係を大切にしながら、焦らずに今できることをと思っています。

64

何より、健康

次男を産んで4カ月の間、毎月一度は動けなくなるほどの高熱を出していました。乳腺炎になったり、子どもの風邪をいちいちもらってしまったり。体が追い詰められると、心のゆとりもなくしていきます。育児も一層しんどくなるわ、夫にあたるわ……。これはいかんと、これまでよりさらに健康を重視した生活にシフトする決意をしました。「睡眠・栄養・運動」の三本柱を立て直さなくては！

具体的には、疲れを感じたら子どもと一緒にたっぷり寝る。毎日野菜とタンパク質をしっかり摂る。車生活を脱却し、自転車に乗って体を動かす。また冷えは大敵なので、靴下の重ね履きと湯たんぽブーツを日々活用。

育児は体力勝負。健康を失ってはじめて、その管理の重要性を噛みしめたのでした。

65

クリスマスツリー

クリスマスツリーを買うことにしました。自分が子どもの頃、ピカピカ光るツリーを見て胸を高鳴らせたことを思い出したのです。

そうだ、こんなことが嬉しいんだ。自分だって子どもだったし、子どもだからとびっきり嬉しいことがあった。その記憶は、子どもの気持ちに寄り添う素晴らしいツールになると思いました。例えば、「楽しんでるけどもう帰らなきゃ」という時に、様子を見て譲歩できたり、声の掛け方に気を遣えたり。

反対に、自分が子どもの頃いやだったことも思い出して心に留めておこうと思いました。例えば、比べられるのはいやだった、事情を説明されないのはいやだった。そんな記憶を活かせたなら、自分の子どもの時の気持ちも大切にし直せるような気すらしています。

Q 習いごとの予定は？

ピアノや水泳などに興味があります。また、母がバレエにも憧れがあり、姿勢がよくなるかな…などの理由で気になっています。(C・Tさん)

プールやバレエなど身体を動かす習いごとをさせたい。(M・Tさん)

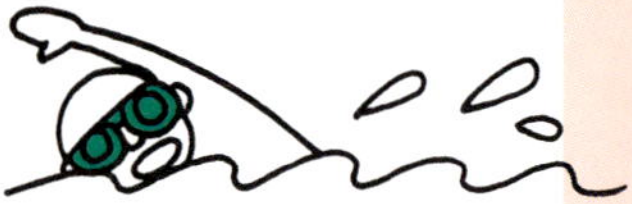

ダンスがとても大好きみたいなので、ダンス教室か体操教室に通わせてみたいと思っています。(M・Kさん)

現在は何もやっていません。水泳は習わせたいと思っています。(K・Yさん)

年少から英語。年中からヤマハ音楽教室の幼児科に入る予定。(S・Nさん)

毎月1度、親子ヨガへ通っています。(A・Kさん)

週に1度、体操教室へ通っています。体操教室では身体の使い方を教わるだけでなく、集団行動でのルールを身に付けられればと考えています。(F・Kさん)

水泳の体験レッスンに行って楽しそうだったのですが、送り迎えが面倒だなと思っていたら半年過ぎてしまいました…。送り迎えをみんなどうしているのかが気になります。(M・Sさん)

習いごとと言えるのかわかりませんが、毎週、幼稚園のプレに通っています。今後は、水泳、合気道や空手などを考えています。(E・Kさん)

現在はしていません。水泳と書道は自分がやってよかった（大人になっても役立つ）と思う習いごとなのでいずれ通ってほしいと思っています。自宅から1分のところに「公文式」教室ができて、「この近さなら送迎が楽だなぁ」とぼんやり考えたりはしています。(本多)

Q 子育てのモットーにしていることがあれば教えてください

育児は育自！ どんどん成長していく子どもたちと一緒に、母も成長し、レベルアップしていきたいと思っています。(S・Nさん)

穏やかにいることだけ意識する。過干渉にならない。(M・Tさん)

子どもを私物化しない。たくさん笑ってスキンシップをとる。深刻になりすぎない。(E・Kさん)

言いたいことや泣くことを我慢させない(きちんと気持ちを吐き出させる)。たくさん抱きしめる。生まれてきてくれた事への感謝を伝え、父母はいつもあなたを大好きだよと伝える。(M・Kさん)

子どもと自分は他者であることを自覚する。あとは、できる範囲で受け入れ型。(C・Tさん)

いてくれるだけで父と母はとても嬉しいといつも伝える。感情的に叱らない。子どもの友達も大切にする。(K・Yさん)

子どもの意見を聞く(勝手に決めない)。聞かれたことはなるべくわかるように説明する。(M・Sさん)

子どもの感情を否定しない。(A・Kさん)

子育ては情報戦！ 自分1人では子育てできないと考えているので、ママ友とのコミュニケーションは大切にしています。また、自分が出来ることは率先して引き受けるよう心がけています。自分の悩みを共有する事で日々の育児に余裕ができ、地域の人間関係を新たに築く事もできるので、子育てだけでなく人生そのものが豊かになっていると感じています。(F・Kさん)

話をちゃんと聞いて、相槌《あいづち》をないがしろにしない。状況や事情をきちんと説明する。会話がだいぶできるようになってきたので、一個人として向き合い、心の通ったコミュニケーションをしたいと思っています。(本多)

プロに聞きたい！

保育士さんの子育て

丸山優子さん。夫同士が友人というご縁で、本多家と家族ぐるみのおつきあいがある保育士さん。

5歳男児と1歳女児のお母さん。

「保育園の子どもたちには待ってあげられることも、自分の子となると難しい。

“こうあってほしい”という気持ちがあるんでしょうね」とおっしゃるけれども、いやいや。

子どもとの接し方からいつも学ぶものがあり、この機会にじっくりお話を伺うことに！

思いを汲み取るコミュニケーション

本多　丸山さんを見ていると、いつもお子さんの気持ちに寄り添った声かけをしているので感銘をうけます。

丸山　子どもは自分の気持ちを「ぼくはこう思う」と自覚したり、それを言葉にしたりなかなかできないんですよね。だから、その代弁をしてあげるように心がけています。例えばぐずったら、「こう思ったんだね」「やりたかったんだね」というように。すると子どもも、わかってもら

えたと心を鎮《しず》められる。
　顔を見ると、欲しくて取っちゃったのか、取り返したかったのかなどが伝わってくることが多いです。大人から見ると意地悪に思うことも、子どもにとってはちゃんと理由があるので、そこはきちんとわかってあげたいと思います。そのうえで伝えたいことは伝えています。

本多　顔を見る、か〜！　私はつい、子どもに望ましくない言動をされると、忙しい時などとくに「なんで！」と焦ってしまう。すると子どもはさらにぐずる悪循環。これからは、急ぐ時ほど子どもの思いを想像しよう。
　そして最近悩ましいのが、長男の自主性の乏しさ。自分で歩かなかったり、靴を履こうとしなかったり。

丸山　保育園では、2歳の子には「やりなさい」ではなく「一緒にやろう」という声がけをしています。大人になっても靴を履かない人はいないから、大丈夫。保育園でがんばっている分、家では甘えさせてあげてもいいかもしれません。成長のタイミングには個人差がありますね。

本多　食べ物の好き嫌いについてはどう考えていますか？

丸山　どうして食べたくないのかな、と想像するようにしています。味が嫌なのかな？　それとも見た目が嫌なのかな？と。こちらで工夫しても食べようとしないなら、個人的には無理に食べさせなくてもいいと思っています。
　でも、食べられるものが増えれば子どもにとっていいことだから、できれば食べられるように、気持ちがのるような言葉がけを考えます。例えば本多さんちの長男くんは、どんなものかわからずドキドキしている感じがしたので、「大丈夫だよ」と伝えたいと思いました。
　食べないものがあるのは、味覚の幅が広がり自分の好みができたということ。それは認めてあげたい。好き嫌いはダメ、という関わりだけで終始すると食事がつまらなくなってしまいます。なるべく楽しい雰囲気の食卓を心掛けたくて。一口だけ勧めて、食べきらなくてもOKという関わり方をしています。

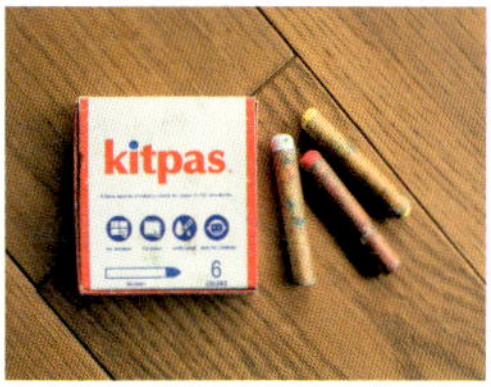

固形マーカーの「キットパス」。窓ガラスやホワイトボードなどのつるつるしたところなら、濡れ拭きで落とすことができます。窓に自由にお絵かきは楽しそう。ただしサンの凹部分に描かれると面倒なのでご注意を。

左から、『14ひきのピクニック』は色がきれいで四季を感じられるおすすめの一冊。シリーズの他作品も大好きです。『どんどこももんちゃん』は子どもがふたりとも大のお気に入り。『ととけっこうよがあけた』は歌の掛け合いが楽しいわらべうた絵本です。

働くお母さんのジレンマ

本多　保育士さんとしては、ゼロ歳といった小さい時から子どもを保育園に預けることをどう思いますか？

丸山　考え方はいろいろありますが、私は親以外の人から大切にみてもらえるって素晴らしいことだと思います。保育園は、みんなが可愛がって育ててくれる場で、もしかしたら家よりちやほやしてもらえる所かもしれない（笑）。なにより、働きたいお母さんが自分の気持ちを押し殺して家にいるより、働いていきいきしているなら子どもにとってもすごくいいこと。

　子どもってなんでもわかってるんだな、と思ったことがあったんです。ふたり目を産んで育児休暇中にワンオペが続き余裕がなくなり、このまま仕事復帰なんて無理……と仕事を辞めようかと思いました。気分もずいぶん落ち込んで。すると、長男が精神的に荒れてしまったんです。私のことをよく見ているし、子どもはなんでもわかっている。子どもとして、というより「ひとりの人」として考えるようになりました。

本多　丸山さんでも思い詰めて落ち

込んだ時があったんですね。どうやって回復したんですか？

丸山　夫に相談して負担を減らせる方法を具体的に考え合ったり、職場で園長に話して時短勤務など働き方について相談しました。今は時短をとらせてもらっています。働くのは好きだし楽しいから、できれば辞めたくなかった。自分が〝お母さんではない時間〟も、大切に思うんです。

本多　解決に向けて具体的に動いているのが素晴らしいです。一番大事なのはやっぱり、自分が元気でハッピーでいることですよね。私もそこを追求したい！

「すべて完璧に」を手放して

本多　ちなみに普段、どんなことでリフレッシュしてますか？

丸山　以前は、家事を完璧にやろうと思っていたんです。でもそれでつらくなってしまった部分も大きくて。最近は「夕飯をつくらない日」を設けて、朝の下準備から何もしないで、ということは早起きしなくていいから前夜に夜更かしできて、本をゆっくり読んだり。つくらないその晩だけでなく、前日から解放的な気分になれるんですよね。週に1度は麺の日だし、その汁を翌日豚汁に変身させたり。もう、「完璧に」を手放せてとてもラクになったんです。

本多　ああ、いい話。

丸山　日本のお母さんほど、求められることが多い国はありません。ヨーロッパには夕食に冷たいものしか出ない国もあるんですよ。パンとハムのような加熱の必要がない買ってきたものの食事で、それでもお母さんが楽しく暮らせることが大事なんですよね。働き方の多様性も含めて日本もそうなるといいと思うけど、今は違います。だからせめて自分で、「全部やらなくては」を手放せたら。

おわりに

子どもが生まれてから数年たち、私の中で暮らしはとにかく「回すもの」、家事は「やっつけるもの」になりました。親から「あなたはまるで回遊魚ね」と言われるように、元々動き回っている方が落ち着くタイプなので、家にいると常にやることを見つけては、時間に追われている感覚です。

ただやるべきことを次々とこなしていくだけの毎日では味気ないし、ふとした瞬間ヘトヘトになっている自分に気が付きます。

そこに刺激と彩りを与えてくれるのが「暮らしは実験」という考え方。家を実験室と捉え、毎日やっている家事や仕事のやり方、モノの収納方法、時間の使い方などに、昨日とは違う何かを取り入れてみることで、「お、これいいじゃん」というちょっとした新鮮さ、楽しさを感じることができます。

実験の結果、思ったほどよくなかったら、もちろん前の方法に戻すことだってありますが、結果は変わらなくとも、この方法が今の自分にはちょうどいいんだという確認になります。

そんなふうにして、私の暮らしはこれからも実験の連続でしょう。変わっていくことは自然なことだから、それに合わせて暮らしもどんどん模様替えしていく感覚です。子どもたちがもう少し大きくなったら、一緒にこの模様替えを楽しみたいと思っています。彼らも暮らしを自分の手で作り、楽しめる人になってほしいと願いつつ……。

この本を読んでくださったみなさんも、暮らしの実験仲間になってくれたら嬉しいです。

本多さおり　ほんだ さおり

暮らしを愛する整理収納コンサルタント。「もっと無駄なく、もっとたのしく」、と日々生活改善に余念がない。夫 、長男（3歳）、次男（1歳）と1LDK50㎡にて4人暮らし。主な著書に『片付けたくなる部屋づくり』（ワニブックス）、『もっと知りたい無印良品の収納』（KADOKAWA）、『家事がしやすい部屋づくり』（マイナビ）、『モノは好き、でも身軽に生きたい。』『赤ちゃんと暮らす』『とことん収納』（以上大和書房）など。

本多さおり official web site

http://hondasaori.com

ブログ「片付けたくなる部屋づくり」

http://chipucafe.exblog.jp/

インスタグラム

@saori_honda

Staff

執筆協力／矢島史

撮影／小林愛香

装丁・イラスト／仲島綾乃

校正／谷内麻恵

編集・子守り／小宮久美子（大和書房）

暮らしは今日も実験です

子どもと暮らす。母さんの工夫65

2019年3月3日　第1刷発行

著者　本多《ほんだ》さおり

発行者　佐藤 靖

発行所　大和《だいわ》書房

東京都文京区関口1-33-4

TEL 03-3203-4511

本文印刷　廣済堂

カバー印刷　歩プロセス

製本　ナショナル製本

ISBN 978-4-479-78461-6

乱丁・落丁本はお取替えします

http://www.daiwashobo.co.jp

＊本書に記載されている情報は2019年1月時点のものです。商品の仕様などについては変更になる場合があります。

＊本書に掲載されている衣服・ベビー用品・小物類は著者の私物です。現在入手できないものもあります。あらかじめご了承ください。

＊本書の収納方法、インテリア、家事、育児方法などを実践いただく際は、お子様やお母様の状態、建物の構造や性質、商品の注意事項等をお確かめのうえ、自己責任のもと行ってください。